网球运动教程

主 编 陈德志 陈 祺
副主编 张志斌 邵海亭 张光富

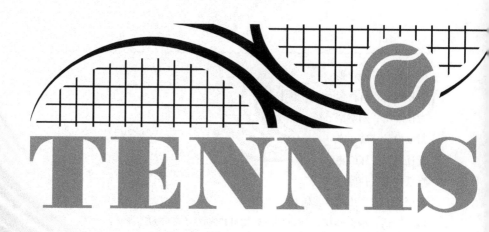

中山大学出版社
·广州·

版权所有　翻印必究

图书在版编目（CIP）数据

网球运动教程/陈德志，陈祺主编.—广州：中山大学出版社，2017.8
ISBN 978-7-306-06077-8

Ⅰ.①网… Ⅱ.①陈…②陈… Ⅲ.①网球运动—高等职业教育—教材 Ⅳ.①G845

中国版本图书馆 CIP 数据核字（2017）第 143123 号

出版人：	徐　劲
策划编辑：	吕肖剑
责任编辑：	刘学谦
封面设计：	曾　斌
责任校对：	张红艳
责任技编：	何雅涛
出版发行：	中山大学出版社
电　　话：	编辑部 020-84110283，84111996，84111997，84113349
	发行部 020-84111998，84111981，84111160
地　　址：	广州市新港西路 135 号
邮　　编：	510275　传　真：020-84036565
网　　址：	http://www.zsup.com.cn
	E-mail: zdcbs@mail.sysu.edu.cn
印刷者：	广东虎彩云印刷有限公司
规　　格：	787mm×1092mm　1/16　10.5 印张　212 千字
版次印次：	2017 年 8 月第 1 版　2023 年 2 月第 4 次印刷
定　　价：	32.80 元

如发现本书因印装质量影响阅读，请与出版社发行部联系调换

《网球运动教程》编委会

主　编
　　陈德志（广州体育职业技术学院）
　　陈　祺（广州开发区国际网球学校）

副主编
　　张志斌（广州体育职业技术学院）
　　邵海亭（广东金融学院）
　　张光富（广州体育学院）

编　委
　　邵海亭（第一、二章）
　　陈德志（第三章）
　　孙宗伟（第四章）
　　张志斌（第五章）
　　陈　祺（第六章）
　　张光富（第七、八章）
　　陈德志（附录）

内容提要

网球运动凭借其高雅、文明、唯美、时尚等特点，深受当代大学生的欢迎和青睐。本书是作者结合多年的体育高职网球教学实践，针对当代大学生的特点和体育高职人才培养的要求编写的。主要遵从教育部关于高职高专人才培养"理论够用、注重实践技能和应用能力培养"的原则。本书由 8 章组成，内容包括网球运动概述、网球运动的基本常识、网球运动的基本理论、网球运动的基本技术、网球运动的战术、网球运动的教学与训练、网球比赛的编排方法和裁判法以及其他形式的网球运动。

本书针对性强，内容全面，结构严谨，图文并茂，内容的编排注重由简到繁，力求条理清晰，操作简便，有利于在校学生或业余运动员学习。本书可作为大中专网球课程教材，也可供网球爱好者阅读参考。

前　言

网球运动作为历史悠久的体育项目，被誉为除足球运动之外的世界第二大运动，自1885年传入中国以来，这项运动在中国的发展已有100多年的历史。新中国成立前，网球运动被视为贵族运动，参与者极少。改革开放以后，随着我国经济的发展、综合国力的增强和人民生活水平的提高，网球运动得到了空前快速的发展。特别是近几年，李娜、郑洁、彭帅等中国女子网球运动员在"四大满贯"比赛中取得的优异成绩，以及上海大师赛、中国网球公开赛、香港公开赛、深圳公开赛等一系列ATP（世界男子职业网球协会）、WTA（世界女子职业网球协会）职业赛事在中国的成功举办，扩大了网球在我国的影响力，促进了网球文化在我国的传播，推动了网球运动在我国的发展。

近年来，广大网球工作者撰写了很多网球教材和普及性读物，为我国网球运动的健康快速发展起到了积极的作用。随着时代的不断发展，人们对网球运动的理解得到了进一步的提升，尤其是体育院校的网球教材，更要把握人才培养的专业要求。具有高层次文化水平的体育院校学生和有可能从事体育工作的其他专业的大学生，他们将为进一步推广我国的网球文化，普及与推动我国网球运动的发展，提高网球运动的教学与训练水平做出积极的努力。

本教材由广州体育职业技术学院与其合作单位广州开发区国际网球学校共同开发，从高等体育院校网球教学与训练的实际出发，严格按照职业活动导向，以实际操作为依据，力求知识系统、内容丰富、图文并茂、简明扼要、灵活实用、通俗易懂，突出网球的知识性、技术性、实用性及趣味性。本书不仅可以作为普通高等院校体育专业课程教材、体育公共课教材，还可以作为从事网球教学、训练人员以及广大网球爱好者的参考用书。

由于编者水平有限，书中存在的错误或疏漏，给读者带来不便之处恳请谅解，希望读者来函赐教，以便今后加以修订完善。在此表示真诚的谢意！

编者
2017.5.18

目 录

第一章　网球运动概述 ·· 1
　第一节　网球运动的起源和发展 ··· 1
　第二节　网球运动组织、重大比赛简介 ··· 3
　第三节　网球运动器材和规则的演变 ··· 7

第二章　网球运动的基本常识 ·· 11
　第一节　常见网球装备 ··· 11
　第二节　网球场地 ··· 14
　第三节　网球礼仪 ··· 15
　第四节　网球运动的特点和功能 ·· 17

第三章　网球运动的基本理论 ·· 20
　第一节　网球运动的常用术语 ·· 20
　第二节　网球比赛的三大要素 ·· 24
　第三节　网球运动的打法类型及特点 ·· 26

第四章　网球运动的基本技术 ·· 29
　第一节　握拍方法及其要点 ·· 29
　第二节　正手底线击球技术 ·· 33
　第三节　反手底线击球技术 ·· 36
　第四节　发球技术 ··· 42
　第五节　接发球技术 ··· 47
　第六节　截击技术 ··· 48
　第七节　高压球技术 ··· 57
　第八节　挑高球技术 ··· 61
　第九节　放小球技术 ··· 64
　第十节　反弹球技术 ··· 67

第五章　网球运动的战术 · 71
第一节　网球运动战术的定义及基本构成 · 71
第二节　战术的分类及影响因素 · 76
第三节　网球单打战术 · 79
第四节　网球双打战术 · 93

第六章　网球运动的教学、训练 · 101
第一节　网球运动的教学阶段与要求 · 101
第二节　网球运动的教学方法 · 102
第三节　网球运动的教学原则 · 105
第四节　网球运动的训练方法 · 108
第五节　网球运动专项素质训练 · 111
第六节　网球运动教练员的基本要求 · 120

第七章　网球比赛的编排方法、裁判法 · 125
第一节　网球比赛的编排方法 · 125
第二节　网球比赛的裁判法 · 128

第八章　其他形式的网球运动 · 134
第一节　软式网球 · 134
第二节　短式网球 · 136
第三节　轮椅网球 · 137
第四节　沙滩网球 · 138

附录一　网球竞赛规则（2016） · 140
附录二　网球竞赛裁判用语英汉对照 · 152

主要参考文献 · 158

第一章　网球运动概述

【内容提要】本章介绍了网球运动的起源、演变和发展，网球运动在当今体坛的地位及发展趋势；阐述了网球运动的定义、特点，运动器材和规则的演变，以及网球的组织机构和重要赛事等内容。

网球是一项激烈而优美的运动，与高尔夫、保龄球、台球并称为世界四大绅士运动，其特有的魅力早已深入人心。网球运动的起源和发展可以用四句话概括：孕育在法国，诞生在英国，普及和形成高潮在美国，现在盛行全世界，被称为世界第二大球类运动。1885年前后，网球运动传入中国，经过100多年的发展，网球运动在中国的影响力越来越大，越来越多的人喜欢上这项运动。

第一节　网球运动的起源和发展

一、网球运动的起源和发展概况

网球运动的起源可以追溯到12～13世纪法国传教士所玩的手掌击球游戏，他们在院子里击打一种用一层层布包裹而成的实心球，使其在院墙上反弹回来，以此来调节单调的生活。14世纪中叶，法国的一位诗人把这种球类游戏介绍到法国宫廷中，但皇家贵族皮肤细嫩，因此工匠们发明了一种皮质手套（如图1-1所示）。后来手套逐渐演变成木拍。

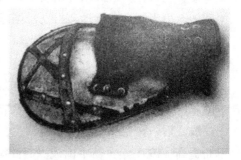

图1-1　手掌击球时戴的手套

1776年，英国人沃尔特·克洛普顿·温菲尔德少校把网球运动介绍到英国。1873年，温菲尔德少校将早期的网球打法和规则加以改进，并于1877年举办了全英草地网球男子单打锦标赛，即后来闻名于世的温布尔登网球锦标赛。1874年，美国人玛丽·奥特布里奇在观看了英国军官的网球比赛后，对这项体育活动颇感兴趣，于是将网球、网球拍和网球规则带到纽约。1878年，第一次男子双打锦标赛在

英格兰举行。1904年，澳大利亚草地网球协会成立，并于1905年开始主办澳大利亚锦标赛，设男子单打、男子双打两个项目。1913年，澳大利亚等12个国家的网球协会代表，在巴黎成立了国际网球联合会（ITF），协调国际网球活动，安排全年比赛日程表，修订网球规则并监督其执行。1972年，国际男子职业网球选手协会成立。1973年，国际女子网球协会成立。

在奥林匹克大家庭中，网球运动占有重要的一席之地。1896年，在雅典举行的第一届奥运会上，网球男子单打和双打被列为正式比赛项目。后来，由于国际奥委会和国际网球联合会在对"业余选手"的定义上产生了分歧，已在奥运会连续举行了7届的网球比赛被取消。1992年，巴塞罗那奥运会上，网球重新又被列为正式比赛项目。在现代体育发展史上，网球运动可以称得上是一种鼻祖式的运动项目，许多现代体育运动的产生都与它有着密不可分的联系。例如，在中国被称为"国球"的乒乓球（table tennis）运动，就是把网球搬进室内，欧洲人称之为"室内网球"。而作为世界三大球之一的排球运动，就是美国的摩根受到网球运动的启发，将网球运动与篮球运动结合起来而形成的体育项目，其最初的名称为"小网子"（mitontte）。

二、我国网球运动的发展

19世纪后期，英、美、法等国的商人、传教士和士兵将网球运动带入中国。最初，网球运动只是在一些教会和教会学校中开展，后来逐渐在我国上海、广州、北京等部分城市传播开来。1910年，在旧中国的第一届全运会上，男子网球被列为正式比赛项目，从第三届开始设女子项目。1915—1934年，中国男子网球队参加了第二届至第十届远东运动会，女子网球队参加了第六届至第十届远东运动会的表演赛。第八届远东运动会上，以邱飞海、林宝华为主力的中国队获得冠军。1924年，中国首次参加了温布尔登网球锦标赛（以下简称"温网"）。1928年，中国开始从旅美留学人员中选派运动员参加戴维斯杯比赛。由于旧中国的网球运动不普及，技术战术水平较低，虽先后6次派队参加戴维斯杯赛，但多在第一二轮就被淘汰。新中国成立后，在党和政府的重视和关怀下，网球运动得到空前发展，运动技术水平不断提高。1951年，新中国成立后的第一支网球队宣告成立，命名为上海联合网球队。1953年，在天津举行的四项球类运动会中设有网球项目。1956年，中国网球协会正式成立，同年举行了全国网球锦标赛。此后，每年都举办全国性网球竞赛。从1958年起增加了青少年网球比赛。

改革开放后，随着国力的增强和人民生活水平的提高，特别是人们对网球的观念发生了重大改变，人们已把网球当成一种健身娱乐方式，网球运动得到了空前快速的发展，网球的逐步普及也推动了竞技网球运动水平的大幅度提高。1990年在第11届北京亚运会上，我国网球运动员获得3块金牌、3块银牌和1块铜牌。1994年

第一章 网球运动概述

以来,通过网球界的努力,我国女子竞技网球在世界及亚洲重大比赛中取得了一系列优异成绩。2004年,李婷、孙甜甜更是勇夺雅典奥运会女子双打桂冠;2006年,在澳网(澳大利亚网球公开赛)和温网,郑洁、晏紫连续拿下"大满贯"双打冠军;2013年、2014年,彭帅分别获得"大满贯"温网、法网(法国网球公开赛)的双打冠军;2011年、2014年,李娜分别夺得"大满贯"法网和澳网的单打冠军。

近年来,我国选手世界职业排名也有了较大提高。李娜曾获得2008年北京奥运会女子单打第四名以及2011年法国网球公开赛、2014年澳大利亚网球公开赛女子单打冠军,是亚洲第一位"大满贯"女子单打冠军,其女单世界排名一度上升至第二名,为亚洲历史上成绩最高选手。2014年2月17日,彭帅也登上女双世界第一的宝座。男子网球运动员张择、吴迪也分别闯进世界男子单打排名前150名,创造了男子选手单打排名的历史新高。

第二节 网球运动组织、重大比赛简介

一、网球运动组织

ITF 是国际网球联合会(International Tennis Federation)的英文缩写,简称"国际网联"(其标志如图 1-2 所示)。ITF 是最早的国际网球组织,成立于1913年3月1日。国际网联是世界网球组织的最高权力机构,其重要职责是:负责有关网球比赛的一切事务;负责制定网球规则;为发展中国家的网球教练开设培训班;推进各国网球协会搞好本地区网球运动的普及工作;提高人们对网球的兴趣,吸纳更多的人参与网球运动,促进世界网球运动的发展。

图 1-2 国际网球联合会标志

ATP 是世界男子职业网球协会(Association Tennis Professionals)的英文缩写(其标志如图1-3所示),成立于1972年,是世界男子职业网球运动员的自治机构。其任务是协调职业运动员和赛事之间的伙伴关系,负责组织和管理职业选手的积分、排名、奖金分配,以及制定比赛规则和给予或取消选手的参赛资格等工作。

WTA 是世界女子职业网球协会(Women's

图 1-3 世界男子职业网球协会标志

3

Tennis Association）的英文缩写（其标志如图 1-4 所示），成立于 1973 年，它是世界女子职业网球选手的自治组织，其主要任务是组织由职业选手参加的各种比赛。WTA 管理职业选手的积分、排名、奖金分配，负责协调与赞助商、赛事主办者之间的关系等与选手有关的一切事务。

图 1-4 世界女子职业网球协会标志

二、重大比赛简介

（一）温布尔登网球锦标赛

温布尔登网球锦标赛（以下简称"温网"，其标志如图 1-5 所示）是现代网球历史上最早举办的比赛，由全英俱乐部和英国草地网球协会于 1877 年创办。比赛时间为每年的 6～7 月。每年的大赛都是由全英俱乐部和英国草地网球协会联合举办。温网现在有 18 个草地、9 个硬地和 2 个室内球场。温网仍然保持着古老的传统：幽静美丽的天然环境，非常平整的绿草地，木质的记分板和木质看台等。绿色和紫色是温网的传统代表色，参赛选手须穿着白色球衣。这是"四大满贯"赛中

图 1-5 温布尔登网球锦标赛标志

唯一规定球员衣着颜色的比赛。此外，女选手在整个赛事中，其姓之前被冠以"小姐"或"夫人"（如主裁判宣布比分时），而对男选手则直呼其姓。近年来，随着商业化的进程，温网设立的奖金越来越高，2016 年总奖金达 2810 万英镑（消息来自温布尔顿官方微博公布数据）。单打冠军可获得约 200 万英镑的奖金，进入正赛首轮的选手至少可获得 3 万英镑的奖金。

（二）美国网球公开赛

美国网球公开赛（US OPEN，其标志如图 1-6 所示）的首届比赛于 1881 年在罗得岛新港进行，当时只是国内赛，而且只有男子单打。通常在 8～9 月间举行，以后每年一届。女子比赛开始于 1887 年。1968 年，美国网球公开赛被列为四大公开赛之一。目前，该项比赛的奖金总额高达 3000 多万美元。美国网球的地位和高额奖金，以

图 1-6 美国网球公开赛标志

第一章　网球运动概述

及中速硬地场地，吸引了众多网球高手参加。

（三）法国网球公开赛

法国网球公开赛（以下简称"法网"，其标志如图1-7所示）始于1891年，通常在每年的5月底6月初举行。法国网球公开赛的场地设在巴黎一座叫罗兰·加洛斯的大型体育场内。这座体育场建于1927年，以在第一次世界大战中为国捐躯的空中英雄罗兰·加洛斯的名字命名。罗兰·加洛斯网球场属于慢速红土场地，利于底线对抗，所以一场比赛打上4个小时以上是司空见惯的，这样的球赛要求球员具备超群的技术和惊人的毅力。

图1-7　法国网球公开赛标志

（四）澳大利亚网球公开赛

图1-8　澳大利亚网球公开赛标志

澳大利亚网球公开赛（以下简称"澳网"，其标志如图1-8所示）是四大公开赛中最迟创建的赛事，男子比赛创建于1905年，女子比赛始于1922年。比赛通常于每年1月的最后两周在澳大利亚维多利亚州的墨尔本体育公园举行，已经有100多年的历史。刚开始举办比赛时使用草地网球场，到1988年才改为硬地网球场。2017年，澳网的总奖金为5000万美元，创历史新高，比2016年澳网总奖金增加了14%。男子、女子单打冠军奖金各为370万美元。

（五）大师系列赛

随着职业网联改用新的排名法和调整了比赛日程后，职业网坛呈现出一片繁忙景象，世界各地赛事不断，可谓热火朝天。男子职业网球赛与已往有所不同，它将以往的超级九项赛和ATP世界年终总决赛改了名，超级九项赛现更名为大师系列赛，年终总决赛也更名为大师杯赛。大师系列赛分别在全世界9个地方举行。职业网联在选择赛事时，充分考虑了场地、资金和观众等因素，

图1-9　上海大师赛标志

使9起赛事能充分展示男子职业网球的各种不同风格。根据场地的不同类型划分，它们是硬地——印第安维尔斯大师赛、迈阿密大师赛、蒙特利尔大师赛、辛辛那提大师赛、上海大师赛（其标志如图1-9所示），红土地——蒙特卡洛大师赛、马德里大师赛、罗马大师赛，室内硬地——巴黎大师赛。大师杯赛也是ATP年终总决赛，在英国伦敦举行，是由全年成绩最好的8位球手参加。2002年及2005年的大师杯赛在中国的上海举行。

（六）戴维斯杯网球赛

戴维斯杯网球赛是国际网坛上声望和水平最高的世界男子团体赛，是代表一个国家整体水平的比赛，其创始人是美国哈佛大学的青年学员Dwight Filley Davis，每年举行一次。戴维斯杯网球赛始于1900年。奖杯（如图1-10所示）是流动的，每届冠军和队员的名字都刻在杯上。现在，每年参加戴维斯杯赛的国家多达130多个，使之成为体育竞赛中规模最大的年度赛事之一。获得戴维斯杯次数最多的国家是美国、澳大利亚、英国和法国等。

图1-10　戴维斯杯奖杯

（七）联合会杯网球赛

联合会杯网球赛是每年一度的世界女子网球团体赛，它是1963年为庆祝国际网联成立50周年创办的。联合会杯与戴维斯杯齐名，一个是女子网球团体赛，一个是男子网球团体赛，都是每年检阅各国家网球整体实力的规模最大的比赛。其比赛办法与戴维斯杯相同，也要分区进行预选赛，各区成绩最好的队晋级到世界组，再进行下阶段比赛。第一届联合会杯比赛是在伦敦的女子俱乐部进行的，共有16支代表队参加。联合会杯奖杯如图1-11所示。

图1-11　联合会杯奖杯

（八）奥运会网球赛

1924年，网球曾是奥运会正式比赛项目，后由于国际网联和奥委会在对"业余选手"的定义上发生分歧而退出奥运会。1984年，网球被奥运会列为表演项目，后于 1992 年正式成为比赛项目。但由于奥运会比赛没有优厚的奖金，也没有职业运动员所要的电脑排名分，所以很多优秀运动员不愿参加，导致比赛相对逊色，从而影响了比赛的观赏性和竞技水平。

第三节 网球运动器材和规则的演变

一、网球拍的发展历史

（一）传统阶段：徒手—木器时代（1100—1874 年）

网球运动最早诞生于 11 世纪的法国传教士之手，而那时的网球运动只是一项人们用手对着墙壁拍打一只小球的运动，最初的球拍其实就是打球者的手掌。每次打完球手掌都会又红又肿，一些人受不了，于是设计了网球专用手套。16 世纪初，历史上第一支真正意义上的网球拍诞生：白蜡木的长柄和框架，羊肠线制成的筛网。这个网球拍的"始祖"只有 66 厘米长，400 克重，与今天的壁球拍类似。1874 年，网球运动终于迎来了一次具有决定性意义的革命。英国人温菲尔德揭开了现代网球史的序幕，他的贡献除了制定一套室外网球比赛的新规则外，还制作了一款堪称经典的新式球拍。尽管制作材料依然选用的是木材，但球拍的拍头面积却被大大增加，达到了 60 平方英寸左右（如图 1-12 所示）。

图 1-12　木质球拍

（二）革新阶段：木器—铁器时代（1874—1967 年）

1967 年，美国的维尔胜公司生产出了第一支真正用于市场销售的铁制球拍 T-2000（如图 1-13 所示），这支球拍很快被网坛传奇人物吉米·康纳斯所使用。康纳斯在整个 20 世纪 70 年代取得了辉煌的战绩，职业生涯总共获得 109 个冠军头衔，这一纪录至今无人打破。而他手中的那支铁制球拍也成为球拍制造史上的一款划时代作

图 1-13　美国维尔胜公司制造的
铁质球拍

品。从此以后,金属逐步替代了木材,成为制造网球拍的主要材料。在1980年前,球拍大致分为两个类型:便宜的铝制拍和昂贵的碳纤维或碳纤维合成物拍。木头不再是制作球拍最好的材料了。

(三)创新阶段:铁器—高科技材料时代(1968年至今)

球拍的两个关键属性是硬度和重量,硬度较高的球拍普遍使用碳纤维材料(如图1-14所示),增加硬度而不增加重量的技术一直在改进。碳纤维虽然有环保上的弊端,但要使球拍变得更硬、更轻、更坚固、更容易塑造,且造价低廉及生产方便,目前没有比碳纤维更新、更好的材料了。现在的世界网坛时刻充满着精彩而又令人难以捉摸的变数,超刚性碳纤维、压电纤维技术、热融技术等对球拍科技起到了不可估量的推动作用。

图1-14 碳纤维球拍

二、网球规则演变

(一)形成期:12世纪—1873年

随着社会的发展进步,网球运动由刚开始的娱乐游戏发展到后来出现规则。网球规则也伴随着竞技运动的发展而不断完善。这些规则对指导训练和比赛具有开创性的伟大意义。从此,参加网球运动的人们有了统一的网球规则,能在统一的规则下进行训练,由此促进了网球运动的发展。这一时期的网球运动具有以下特点。

(1)单纯的手击球,处于网球运动的原始阶段,网球运动持拍对抗初见雏形。

(2)属于贵族运动,主要是在贵族之间开展,具有非常大的局限性。

(3)室内网球主要在宫廷内部开展,场地也在宫廷内,开展的形式基本呈点状。

(4)网球拍用羊皮制作,不是网球运动发展到后期的穿线球拍,工具也处于摸索阶段。

(二)推广期:1873—1896年

由点到面,该时期有更多人投入到网球运动中来,不同地方的网球人群使用相同的网球竞赛规则。由于网球运动具有规范化的统一标准,因此网球运动成为进入第一届奥运会的唯一球类运动。这一时期网球运动具有以下特点:

(1)限制了落点范围,但场地扩大。网球打法逐步规范,开始有固定场地和击球落点标准,出现弧形后摆击球,稳定性明显增强。

第一章 网球运动概述

（2）网高有所降低，发球速度有所提高。竞技中对运动员的身体素质要求提高，这一阶段的网球运动的对抗愈加激烈。

（3）缩小了发球区域，技术动作合理性和规范性要求增高；不仅推广网球这项运动，同时也推广了网球的技术、战术。

（4）出现了双打，丰富了网球运动的竞赛项目，强调双打技术的分工合作，为网球运动的大范围推广增加了新项目，同时为网球项目的创新奠定了基础。

（三）成熟期：1896—1913年

随着科学理论应用于实践，各种各样新技术的运用及科研队伍的建立，进一步推动了网球运动的发展。专业化程度不断增高，对网球竞赛规则的要求越来越高，制定科学化规则成为网球竞赛规则的发展方向。这一时期女子网球发展迅速，女子双打出现。

（四）稳定期：1913—1971年

在这一时期，网球运动趋于平稳发展。这个阶段，世界经历了两次世界大战和"冷战"前期。体育运动是精神文化的一部分，而精神文化受社会生产力的影响。在战争频发的这一时期，网球运动的发展相对来说也比较缓慢，其中四大公开赛中的法网、温网都因战争而停赛多年，其间，网球规则几乎没有多少变化。这一时期的网球拍基本都是木制球拍，以底线型打法居多。比赛中，底线拉锯战成为网球比赛的一大特色。

（五）改革期：1971年至今

随着网球运动的发展，网球运动逐渐呈现职业化、市场化、商业化的特点。传媒介入、商家赞助，社会对网球运动的投入超出人们的想象。但同时，网球运动带给人们的回报也是无法估量的，经济效应和社会效应实现了充分的结合。网球运动的发展对网球竞赛规则提出了更高的要求。网球运动要想不断适应社会的发展，网球竞赛规则是关键因素之一。该时期的网球运动有以下特征：

（1）网球规则向着精细化方向演变。例如，场地丈量从外沿算起，对网眼大小进行规定。这是因为网球运动越来越职业化，为了减少比赛中的争议和无法判定的问题，网球规则必须向着精细化方向发展。

（2）对网球拍的要求更加规范，要求网球拍穿线必须只能有一组编织的弦线，附属物不能改变球拍转动的惯量。

（3）轮椅网球出现并进入奥运会，轮椅网球规则成为网球规则中重要的一部分。

(4) 为了能够适应电视转播，对网球比赛的时间进行了严格的控制，在局比分、盘比分的竞赛方法上进行最大范围控制，随之出现的规则有"九分五胜制""无占先记分法""平局决胜局"等，大大降低了网球比赛时间的不确定性。

(5) 20世纪七八十年代网球规则的演变主要是因为科技的创新，科技发展带来的变革改变了攻守的平衡。为了维持网球运动攻守的平衡，相应地对规则进行了补充和修改。

(6) 20世纪90年代和21世纪初，网球规则的演变主要是为了适应商业化进程，主要表现在计分方法和赛制方面的创新，最大限度地控制网球比赛的时间。

(7) 网球比赛向着市场需求方向转变。具体表现在：①由传统的统一白色服装到现在的五颜六色的网球裙装；②由传统的不允许打广告到球场上出现广告；③为了适应电视的转播和判罚的精准，电子设备被投入使用。

思考题

1. 简述网球运动的起源和发展。
2. 简述网球运动在当今世界体坛的地位。
3. 简述网球运动的组织机构和重大赛事。
4. 简述网球规则的演变历史。

第二章　网球运动的基本常识

> **【内容提要】** 本章介绍了网球运动的基本常识。包括认识网球、网球拍、网球服、网球鞋、网球背袋等常见网球装备，了解不同类型的网球场地以及网球运动的礼仪、特点和功能等内容。

第一节　常见网球装备

一、网球

比赛用球一般为黄色，常用的练习球一般为绿色，网球是使用毛绒包缝而成的橡皮球，外表毛质均匀，接缝处没有线缝。传统网球直径为 2.63 英寸（如图 2-1 所示）。

继乒乓球比赛实行新规则、以大球代替小球之后，网球赛事也正酝酿着一场变革，以加快网球运动的发展和普及。2013 年 9 月在墨西哥召开的国际网球会议上，针对世界网坛，特别是男子选手发球越来越快的趋势，通过了一项新的规则，即比赛用球直接由比赛场地决定。改革后的网球打破了其诞生以来一成不变的老面孔，将网球分为三种类型。一类球，即快速球，与现在的网球大小相同，区别在于其表面由更坚硬的橡胶制成，适合红土场地；二类球，即中速球，就是现用网球；三类球，即慢速球，比现用网球的直径大 6%，在飞行过程中减速至现在网球的 90%，适用于硬地球场和草地球场。这三种球在重量上没有区别。

图 2-1　标准网球

二、网球拍

（1）拍面大小。拍面面积以 95～115 平方英寸（612.9～741.93 平方厘米）为主，拍面越大，接住并打好球的可能性越大，但也会增加球拍重量和挥拍难度。

图2-2为标准网球拍示意图。

（2）拍长。27英寸（68.58厘米）为球拍的标准长度。超过27英寸以上的为加长球拍，能增强球拍的力量和发球威力，但是灵活性就相对较差。

（3）拍厚。通常拍边越厚，越不容易变形，力量就越大，但是灵活性也越差；反之亦然。

（4）材质。目前市面上球拍的材质相当丰富，包括石墨、石墨玻璃、碳纤维、钛合金等，其共同特点是弹性好、震动小，对手臂造成的损伤小。不同材质的球拍价格有所不同。

图2-2 标准网球拍

（5）重量。球拍的重量分布不太均衡，它们或是拍头重，或是拍柄重，在挑选时需要其从灵活性、稳定性方面去选择。

（6）硬度。硬度越大，球拍在被网球撞击时的变形就越小，当然击球时所用的力量就越大，同时网球在网球拍上停留的时间就越短，也就越难控制网球的运动。

（7）平衡。重量均衡的球拍的重心就是球拍的中点。但球拍的重心通常不在中心，它们或是拍头重，或是拍柄重，在挑选时可从灵活性与稳定性方面去综合选购球拍。

三、网球服

网球服饰设计的出发点是便于在运动过程中吸汗、排汗。目前市场上有许多不同品牌、不同式样的网球服装可供选择（如图2-3所示），在经济条件许可下，可考虑自己喜欢的名牌网球服装，如耐克、飞乐、王子、阿迪达斯、威尔逊等。值得提醒的是，纯棉面料的运动服虽吸汗效果好，但是排汗效果差，不适宜作为网球运动服装。

图2-3 网球服

第二章 网球运动的基本常识

四、网球鞋

网球鞋除了要考虑运动时的舒适度、透气性和排汗效果外，鞋底更是需要关注的方面。不同的场地、不同的比赛需要选择不同的网球鞋，以缓冲运动对膝关节和脚踝的冲击力。室内场地要求鞋底较平，草地则需要鞋底粗糙一些，普通场地一般选择有交叉纹路的鞋底。总之，鞋的整体必须坚固稳定且富有弹性，这样才能保护运动员的足背、足踝和脚腱肌肉。网球鞋如图2-4所示。

图2-4 网球鞋

五、网球背袋

网球背袋用于携带不同型号的网球拍和网球，当然，衣服、鞋子还有备用拍弦也常常是"袋中之物"。

六、减震器

减震器的作用就是减轻击球时球拍的震动对于手部的冲击力。每次击球时拍弦都会产生震动，传到拍体，进而传到拍柄，该震动的强弱因不同球拍的材质不同而各异。所以，对于业余选手来说，击球时就要尽可能减小这种震动，这时可以采用的方法就包括使用减震器（避震粒）。当然，有人说使用避震粒会降低击球时的手感。在购买球拍时有的商家会赠送避震粒（如图2-5所示），建议初学者在打网球时使用避震粒，这样对手腕、手臂有一定的保护作用。

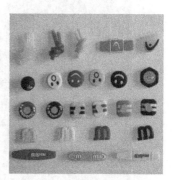

图2-5 减震器（避震粒）

七、吸汗带

吸汗带缠绕在拍柄上，可起到吸汗、防滑、增强舒适度等作用。吸汗带（如图2-6所示）一般有合成材料吸汗带和毛巾吸汗带两种。目前，网球运运动员多数习惯使用皮革吸汗带。

八、网球护具

网球护具包括网球帽、头罩、护膝和护腕等。网球帽常用于遮阳、防晒，头罩多用于吸汗、固定发型、防止比

图2-6 吸汗带

赛中头发舞动等，护膝、护腕用于保护膝关节及腕关节。

第二节　网球场地

一片标准网球场地的占地面积不小于669平方米（如图2-7所示），即36.58米（长）×18.29米（宽），长和宽是四周围网或室内建筑内墙面的净尺寸。在这个面积内，有效双打场地的标准尺寸是23.77米（长）×10.98米（宽），有效单打场地的标准尺寸是23.77米（长）×8.23（宽）。在每条端线后应留有不小于6.4米的余地，在每条边线外应留有不小于3.66米的余地。在球场安装网柱，柱间距是12.8米，网柱顶端距地面是1.07米。主流的网球场地面为弹性丙烯酸材料，无障碍物。网球场地面也有塑胶、红土、人造草和木质地板等。不论是采用木板地面还是合成材料地面，都必须保证运动员在比赛中不会感到太滑或太黏，并有一定的弹性。尤其要注意地面平整，以防出现伤害事故。

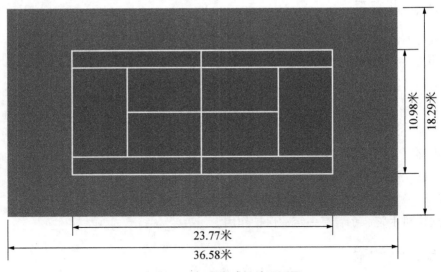

图2-7　标准网球场地平面图

一、草地

草地球场的特点是球落地时与地面的摩擦小，球的反弹速度快，对球员的反应及灵敏度、奔跑速度、奔跑技巧等要求非常高；同时，球员也可以利用此特点大打"攻势网球"。发球上网、随球上网等各种上网强攻战术几乎被视为草地网球场上的制胜法宝。

二、人造草地

人造草地是天然草场的仿效物,其结构有点像地毯,只不过底层是尼龙编织物,其上种植的是束状尼龙短纤维。为保持纤维的直立性,纤维之间以细砂填充。这种场地需要平整、坚固的基底,附设有良好的排水设施。

三、软性场地

软性场地不是非常坚硬,地表铺有一层细沙或砖粉末,特点是球落地时与地面有较大的摩擦,球速比较慢,球员在跑动中,特别是在急停、急回时会有很大的滑动余地。这些决定了球员必须具备比在其他场地上更优良的意志品质和更出色的奔跑、移动能力,否则很难取胜。在软性场地上比赛主要考验球员在底线相持的能力。

四、硬地

硬地是最普通的一种场地,一般由水泥或沥青铺垫而成,其上涂有红、绿等颜料或铺有一层高级塑胶,其表面平整、硬度高,球的弹跳非常有规律,而且反弹速度很快。这种场地易于清扫,基本上不需要很精心的维护。许多公共网球场都使用这种硬地球场。

五、合成塑胶场地

合成塑胶场地表面铺撒的是合成塑胶颗粒,其间以专用胶水粘连。这种场地的弹性及硬度依塑胶颗粒的大小、铺撒的紧密程度及其本身的特质而定。合成塑胶场地颜色艳丽、管理方便,室内外皆可铺设,也是可供选择的理想的公共球场。

六、网球地毯

网球地毯表面是合成塑胶或者尼龙编织物等,一般用专门的胶水粘接于具有一定强度和硬度的沥青、水泥、混凝土底基的地面上即可,有的甚至可以直接铺展或粘接于任何有支撑力的地面上。网球地毯适于运输且适应性非常强,室内室外甚至屋顶都可采用。

第三节　网球礼仪

网球是一项绅士运动,其魅力与网球礼仪、球员与观众良好的行为素养是密不可分的。"尊重网球场上的一切人与物"是网球运动员最起码的行为准则,它既包

括尊重对手、观众、工作人员、服务人员，也包括尊重球网、网柱、球拍、球，等等。网球运动同样要求观众具备良好的素质，尊重赛场规则以及比赛过程中所发生的一切。

一、运动员礼仪

（1）球员参加比赛时，在赛前的练球热身过程中有义务为对方的练习提供帮助，任何有意妨碍对方练习的做法都是有失风度的。

（2）比赛结束时，无论胜负都应该主动与裁判及对手真诚地握手。

（3）比赛结束时，可以将比赛用球抛给观众，但是不要将网球拍扔上看台，以免砸伤观众。

（4）球场上不要摔球拍，不要用脚踢球。

（5）球场上应该听从裁判的判决，绝不可以对抗裁判。

（6）正式比赛时，应该采取上手发球的姿势；下手发球虽然没被禁止，但是被认为是对对手的不尊重。

（7）为对手喝彩与向对手表示歉意。当对手击出好球时，应为其鼓掌。特别是在比赛中，当对手打出漂亮的得分球时，自己应用手轻拍球拍，以示祝贺；如果自己打出一记"幸运球"（lucky ball，球擦网后改变方向和速度，落在对方场内，对手一般接不住），要说声"sorry"（对不起）或举拍示意，将球拍面向对手以表示歉意。

二、日常训练礼仪

（1）捡球过程中学会等待。训练过程中当你的球滚入邻场，而邻场的球员正在练球时，请耐心等待别人击球结束。此时你若贸然入场捡球，只会令别人反感；别人帮你捡了球，不要忘记说一声"谢谢"。

（2）要发球时先看一看对方是否已做好了接球的准备，最好将球举起来示意一下。不要连看都不看就将球发出去，这样对方很可能接不到球，同时也是对对方的不尊重。

（3）不要从球网上面跨过，亦不要触压球网。

（4）练球时，当对方的回球靠近底线时，应主动告诉对方他打过来的球是 in（界内）、out（界外）还是压线。

（5）练球时，当你击球出界或还击下网时，尽管不是有意为之，也应该向对方表示道歉。

三、网球观众礼仪

（1）赛前进入观众席就座，比赛进行中不得走动或退场。如果迟到，应该在球员休息的时候进场，以免影响球员的注意力，干扰比赛；同样，如果在比赛进行中离开观众席，也要在球员休息的时候离开。

（2）球员发球的时候不要用闪光灯拍照，更不要发出响声，以免对运动员造成干扰。

（3）观看比赛时应避免携带会发出声音的物品，尽量将手机关机或设置在震动状态。从球员开始准备发球到一分结束，观众在此过程中不要随意交谈、吃东西或者叫好、喝彩、鼓掌。

（4）服从赛场工作人员的劝告。当裁判员要求观众安静的时候，应立即停止鼓掌，保持赛场安静。

（5）不得随意进入正在比赛的场地，更不要与工作中的裁判员、工作人员谈话，以免影响比赛的正常进行。

（6）落入观众席的球，不要马上扔回赛场，等判定胜负一分时再扔回，更不能向赛场扔其他东西。

（7）要尊重球员，应给双方球员以平等的支持和鼓励。

第四节　网球运动的特点和功能

一、网球运动的特点

自网球运动问世以来，它由最初的皇家贵族运动发展成为一项老少皆宜的大众体育项目，与其本身所具有的特点是分不开的。

（一）空中击球快速有力

无论是在网球比赛中还是在网球游戏中运用的各种击球方式，都必须用拍子击空中球或地面反弹球。自己发球也是先将球抛起，然后将球击到对方发球区内。空中击球，球速快而有力。

（二）发球方法独具一格

网球运动规则规定，参加运动的双方在一局中一人连续发球，直到该局结束，此局被称为发球局。每次发球均有两次机会，即一发失误还有二发的机会，使得发球威力大增。男选手发球的时速可达200公里以上，女选手发球时速也接近200公里。因此，在实力均衡的比赛过程中，发球方总能占据一定的优势。

（三）记分方法与众不同

网球的每局比赛均采用15、30、40、平分的记分方法，每盘比赛采用6局形式。以15分为单元的记分法始于中世纪。据天文六分仪的规定，将一个圆分成6等份，每份为60度，每度60分，每分60秒。反过来，4个15秒为1分，4个15分为1度，4个15度为1份，于是把4个15提出来作为常数，即赢得1分球记15，赢得4分球为1份，赢得4份为1盘。后来将每盘比赛改为6份，成为6局，刚好是一个完整的圆。所以，后来就把得1分记作15，得2分记作30，得3分记作40（是45的省略记法），当双方都得40分时为平分（deuce），表示要取得胜利必须净得2分之意。

（四）比赛时间难以控制

无论是正式的比赛还是平时的娱乐，只要双方实力接近，要想分出胜负，都将费时很长。正式的网球比赛为男子5盘3胜，女子为3盘2胜。比赛时间一般在3～5小时，历史上最长的比赛时间曾长达6个多小时。因为比赛时间太长、太晚而在当天中止比赛，到第二天继续进行的情况也屡见不鲜。

（五）比赛强度大

一场势均力敌的比赛，由于时间过长，对双方运动员的体力要求很高。在所有隔网对抗的体育项目中，网球场上的人数密度是最少的。正因为如此，有人进行过统计，一场水平相当、紧张激烈的网球比赛，男子的跑动距离接近6000米，女子达到5000米，挥拍次数上千次。如此大的比赛强度在其他竞技比赛中也是少有的。所以，网球比赛对于运动员的体力、意志力和心理都是极大的考验。

（六）心理素质要求高

除团体比赛在交换场地时教练可以进行场外指导外，其他任何时候都不允许有教练进行指导，哪怕是做个手势也不行。整个比赛全靠个人独立作战，没有良好的心理素质，要想赢得比赛几乎是不可能的。

二、网球运动的功能

（一）促进健康，增强体质

网球运动是典型的有氧为主、无氧为辅的运动。所以，网球运动可以提高人的

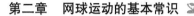

心血管系统的能力,降低人体的血脂,防止高血压。运动量的大小可以自己控制,想要强度大可以单打,不想太累就双打。网球运动对人们的技术要求高,必须动手、动脚、动脑,对人体的灵敏度要求也高,经常打网球可以增强人的灵活性,提高人的反应速度,使人年轻,有朝气,有精力。在网球场上,经常可以看到白发苍苍的老者与充满朝气的青少年进行同场竞技,这也许就是许多国家政府首脑、中央领导及各大公司企业高管们对此项运动痴迷的原因吧。

(二)锻炼良好的心理素质

经常参加网球运动,能够学会控制自己情绪,调节自身心理。例如,连续失误时,如何使自己尽快冷静下来,重新鼓起勇气和信心,不到最后绝不放弃;比分落后时,如何保持沉着而不气馁;比分领先时,要戒骄戒躁、一鼓作气拿下比赛;比分处于胶着状态时,更要保持进攻不手软的自信心。这些意志、品质的锻炼,对于网球运动者都是一笔很好的财富。

(三)培养勤学苦练的优秀品质

网球运动是一项技术性很强的体育项目,对于初学者而言,想要在网球场内控制住球绝非易事,许多人在刚接触网球时不是碰不到球就是将球打飞。这就要求初学者认真学习网球的基本技术,向教练、球友多多请教,只有勤学苦练,方能在球场上一展英姿。

(四)陶冶良好的情操

网球场是结识朋友的好地方。这里没有年龄的障碍,没有身份的差别,没有性别的阻挡,没有门第的高低。人们因共同的兴趣和爱好而走到了一起。理解和尊重网球场上的一切人和物,是网球运动者最起码的行为准则和道德标准。练球时,"thank you"表达感谢,"sorry"表达歉意;择机捡球,发球示意,终场时的友好握手,等等,都是网球运动者必须具备的素养。

思考题

1. 简述常见的网球装备。
2. 阐述网球场地的类型。
3. 网球运动礼仪表现在哪些方面?
4. 简述网球运动的特点和功能。

第三章　网球运动的基本理论

【内容提要】本章阐述了网球运动的一些基本理论知识。包括网球运动的常用术语、网球比赛的三大要素、网球运动的打法类型及特点等内容。

第一节　网球运动的常用术语

一、正手与反手

握拍手的同侧称为正手，握拍手的异侧称为反手。正、反手在网球运动中有两种主要用途：一是与技术名称相连，表示一种技术动作，如正手击落地球、反手击落地球、正手截击、反手截击、正手高压球等；二是表示来球的方向，如正手位来球、反手位来球等。

二、球场的分区

球场以底线中点与中线的连线为界，左边的半区叫左半区，又称 AD（占先）区，右边的半区称右半区，又称 Deuce（平分）区。没有中间界线叫全场，底线向前 3 米左右称为后场，球网向后 4 米左右称为前场，中间部分称为中场。

三、球的深浅

球的深浅是相对底线而言的。球的着地点与底线的垂直距离越小，表明来球越深；反之越浅。

四、开放与关闭

站位的开放与关闭如图 3-1 所示。

第三章 网球运动的基本理论

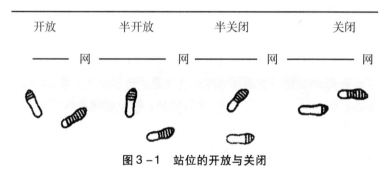

图 3-1 站位的开放与关闭

拍面的开放与关闭如图 3-2 所示。

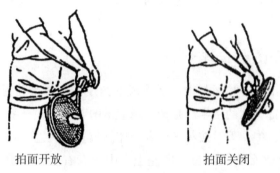

图 3-2 拍面的开放与关闭

五、击球点

击球点是指击球时球拍与球碰撞瞬间在空中接触的那一点，它是一个空间位置，具有三维性，是对击球者本人身体所处的相对位置而言的。它包括三个因素：一是指击球时球处于击球者身体的前后位置，二是指击球时球处于击球者身体一侧的左右距离，三是指击球时球处于距离地面的高低位置。选好击球点对正确掌握各种击球动作至关重要。

六、击球时间

击球时间是指来球从地面上弹起至回落的那段时间。击球时间具体可分为以下三个时期（如图 3-3 所示）。

（1）上升期。来球从地面弹起至接近最高点的这段时间，具体还可细分为上升前期与上升后期。

（2）高点期。来球从地面弹起在最高点附近的这段时间。

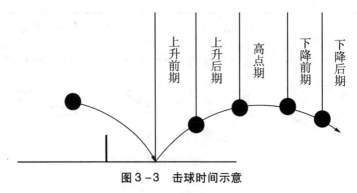

图3-3 击球时间示意

（3）下降期。来球从最高点开始下降以后的这段时间，具体又可细分为下降前期和下降后期。

七、拍面角度和击球部位

拍面角度是指击球时拍面与地面所形成的角度。击球部位是指拍与球撞击时，拍对球所碰撞的位置。球的后半部是拍与球撞击的有效部位，我们可以把这后半部球体按高低分为上、中、下，按与击球者身体的位置分为左、中、右，于是，在后半部球体的凸面上就有9个部位，即左上、中上、右上、左中、正中、右中、左下、中下、右下。运动员击球时如果注意拍与球撞击的合理部位，对掌握好拍面角度和调整好拍面方向大有帮助。

拍面角度有如下几种情况：

（1）拍面垂直。指拍面与地面的角度为90°，击球部位为中部。

（2）拍面前倾。指拍面与地面的角度小于90°，击球部位为中上部偏上部位。

（3）拍面稍前倾。指拍面与地面的角度接近并小于90°，击球部位为中上部偏中部位。

（4）拍面后仰。指拍面与地面的角度大于90°，击球部位为中下部偏下部位。

（5）拍面稍后仰。指拍面与地面的角度接近并大于90°，击球部位为中下部偏中部位。

（6）拍面向上。指拍面与地面的角度接近180°，击球部位为球的下部偏低的部位。

（7）拍面向下。指拍面与地面的角度接近平行，击球部位为球的上部偏顶的部位。

不同的击球方法要求不同的拍面角度和挥拍方向。平击球一般要求拍面垂直，并向前挥拍；上旋球要求调节拍面使其前倾，并向前上挥拍；下旋球要求调节拍面使其后仰,并向前下挥拍。如果拍面垂直并向下挥拍,也可削出下旋球;如果拍面垂直并向上挥拍,也可拉出上旋球。

实践经验告诉我们,球拍撞击球的正中部的情况比较少,多数情况不是偏左就是偏右,因此,要依靠调节拍面方向来掌握好击球动作。

八、发力方向和发力方法

发力方向是指球拍的挥动方向。例如,拉强烈的上旋球的用力方向以向上为主,略带向前;平击球的用力方向以向前为主,略带向上。发力方法是指挥拍击球时的用力方法。我们可以从如下几个方面来分析。

(一)速度

从来球速度与击球时球拍运动速度的对比来分析,击球的发力方法可分为如下三种。

(1)发力。来球速度小于球拍速度。

(2)借力。来球速度大于或等于球拍速度,速度的方向一致,或球拍的速度为零。

(3)减力。来球速度大于球拍速度,球拍速度与来球速度相反,即球拍向后缓冲。

在实践中,对于上述表述还有一种解释:来球靠运动员本身用力挥拍击回的叫发力;来球主要靠触拍后被反弹回去的叫借力;球拍触球的瞬间有一向后收缩的动作,借以减弱对方来球的反弹力叫减力。

(二)发力方向

从发力方向与球心的关系看,可分为"撞击"和"摩擦"。发力方向通过球心为撞击,特点是击球力量大、球速快,如平击球;发力方向远离球心为摩擦,特点是球的旋转强,如侵略性挑高球。但是,现代网球技术要求把撞击与摩擦、速度与旋转结合起来。摩擦增大了击球的弧线,提高了击球的稳定性;而撞击增大了击球的力量,从而加快了击球的速度,增加了击球的威胁性。只有把撞击和摩擦充分地结合起来,才能够获得最佳击球效果。

(三)肌肉用力

从运动员肌肉用力的特点看,肌肉用力又分为爆发力与匀速用力。在网球运动的过程中,基本上都使用爆发力,但个别技术就不能用爆发力。例如,击落地反弹球宜采取匀速用力方法。

九、甜点区

球拍上能送出稳定、有力、向着预定方向飞行的球的区域称为"甜点"。甜点不是一个点，而是位于球拍网弦中心部位的一个区域。这个区域里有三个具体的点：位于网拍中心的那个点是最佳手感点，球击在这个点上时，手臂感到的震动极小；在最佳手感点的下方（靠近拍柄端）有一个点叫作最强弹力点，球若击到这个点上，飞出的速度最快；在最佳手感点的上方有一个点叫作最大减震点，球击在这个点上震动力最小。

第二节　网球比赛的三大要素

深度、角度和速度被认为是网球比赛的三个基本要素。无论是在快速球场（草地、水泥地等）还是在慢速球场（沙土场等）比赛，也无论运动员技术水平是高是低或者他们的打法类型如何，在网球的教学训练和比赛中，大家应注意的基本要素都是相同的。一般来说，在快速球场上，要求挥拍动作幅度较小而快，采用上网战术较为有利；在慢速球场上，要求挥拍动作幅度较大而慢，适宜采用底线打法和综合打法。虽然场地类型对比赛来说是个重要因素，但不是决定因素。在比赛中，关键问题是运动员能否把网球比赛的三个基本要素运用得好。如果忽视了这三个重要因素，任何打法都不能在网球场上发挥威力。

一、深度

深度，是指网球运动员击球过网落在场内，其球的落点距对方端线远近的程度。距端线近即打球深，距端线远即打球浅。把球打深的意义在于，它能使自己有充裕的时间对来球做还击的准备。球飞行距离长，容易争取时间做好下一次击球的准备，是使自己摆脱被动争取主动的一个好办法。把球打深，可以阻止对方上网。因为对方从端线击球以后，再跑到网前，奔跑距离长，就很难上网进行截击。把球打深还可以缩小对方回球的角度。可以做这样的比较：如果对方从底线中间击球，回过来的球角度小，一般移动3步左右即可还击；如果对方从中场中间击球，回过来的球则角度较大，需要移动5～7步才能还击；若对方在网前击球，那么回球角度就很大，需要移动8～11步才能还击，且经常难以还击。可见，把球打深具有积极的作用。在日常训练中，经常想到把球打深，练习时给自己确定一个目标，就是不先于你的对手打出浅球，做到这一点就能培养把球打深的意识。

可以在假设的平面上测定还击角度，如图3-4所示。

在网前中间还击，角度为64°（左右各32°）；在中场还击，角度为46°（左右

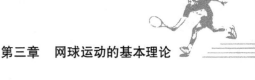

第三章　网球运动的基本理论

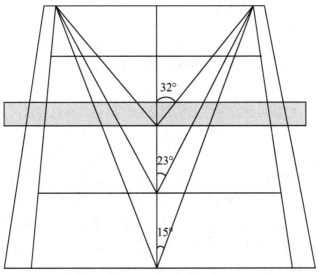

图3-4　还击角度示意

各为23°）；而在后场还击对方打来的深度球，还击角度仅为30°（左右各15°）。通过上述简单比较，可以明显看出，把球打深，对缩小对方回球角度是十分有利的。总之，深度球能使自己有充裕的时间对来球做还击的准备，使对手左右跑动难以上网，从而给自己创造上网进攻机会。另外，高水平网球运动员打出的深球一般都带有强烈的上旋。上旋球比不转球的飞行弧线更陡，下落速度更快，球落地反弹后有一定的前冲力，因此威胁性也更大。

二、角度

角度是指角的大小。角是从一点引出的两条直线形成，或是从一条直线上向左侧和右侧展开的两个平面形成的空间。对网球运动员来说，角度是从打球人的击球点至接球人所构成的两条直线，然后向左侧和右侧展开的两个平面所形成的空间。如果以击球点与接球人所构成的直线为0°，那么，向左侧和向右侧展开的平面越大，则角度也越大。一般来说，离接球人身体两侧越远的球，角度越大，越具有威胁性。打角度球就是尽量扩大击球点至落点与击球点至接球人之间所形成的角度，使击球后球的行进线路远离接球人。打角度球的意义在于，它能调动对手，特别是能将对手拉出场外，使场上出现空当，继而击球得分。打角度球有时也可以直接得分，特别是在破网技术中运用效果更佳。另外，打角度球还可以减少自己回中心的跑动距离。在日常训练中，通过经常打角度球来提高破网技术，也是培养网球意识的重要一环。

三、速度

速度是指运动的物体在某一个方向上单位时间内所经过的距离,它泛指快慢的程度。对网球运动来说,既有技术方面的动作速度,如拉拍早、摆速快、击出的球速度快等,还有反应、判断、移动等方面的速度。当对方场上出现空当时,运动员把握时机,凭借打出的角度或击球力量创造得分机会,在这种情况下,首先就要看运动员在判断、反应、移动、扑截和击球速度方面的快慢了。速度快的运动员会得心应手地将球适时还击过去,在速度上战胜对手。使用截击球回球速度最快、威胁性也最大。回击落地球时,应尽快提高挥拍速度,以增大击球爆发力。另外,压低球的飞行弧线,缩短球在空中的飞行时间,也能加快回球速度。再一点是加强专项速度的训练,有助于提高反应、判断和移动速度。优秀网球运动员上网速度快,击球速率高,爆发力强;另外,他们的移动速度非常快,步法灵活,能及时到位,甚至提前到位。这与他们具备良好的反应、判断和移动速度是分不开的。

比赛中三要素的综合运用,更能发挥击球威力,取得比赛的主动权,从而占据场上优势。

第三节 网球运动的打法类型及特点

一、网球运动的打法及打法类型

打法,就是在比赛中所采用的相对固定或重复出现的技术、战术。在网球运动中,我们将运动员技术与战术的组合形式称为打法,组合形式结构的不同称为不同的打法类型。研究网球的打法和区分网球运动员所采用的各种打法类型,是为了在研究运动员各具特色打法的基础上,归纳出他们之间的共同规律,使我们的认识从特殊到一般,在认识了网球运动员所采用的各种打法类型之后,再以这种认识为指导,进入从一般到特殊的认识过程,继续在网球运动迅速发展的过程中,研究各种具体打法的特殊规律,并不断创新技术,形成新的打法。在向先进国家、优秀选手学习的基础上,结合我国网球运动发展的实际,确定我国运动员的打法类型及战术策略,探讨一条符合我国实际的、赶超世界先进水平的训练之路。

决定打法类型的主要因素有两点。第一点是技术,技术是打法的基础。如果一个网球运动员没有足够符合标准要求的技术,他就不具备成为某一种打法运动员的条件。对于技术的要求主要体现在两个方面,一是运动员掌握的技术数量,它是成为某一种打法运动员的重要条件。比如,上网型打法的运动员就必须掌握截击球技术,否则谈上网就是一句空话。这样便可知上网型运动员所拥有的技术数量就要多

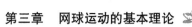

于底线型运动员。二是技术的质量要高，高质量的技术是完成某类型打法的保证。比如，上网型打法运动员的截击技术很差，上网后顶不住对手强有力的破网球，只能一败涂地。这种截击技术很差的运动员是不符合上网型打法运动员要求的。决定打法类型的第二个因素是战术，具有相同数量与质量技术的运动员，并不完全都是一种打法类型，其原因就在于采取的战术不同，其打法也有区别。比如，两名技术很全面的运动员，一名运动员以底线击球为主，结合上网，另一名则以上网截击为主，两名运动员的打法是不相同的。所以，运动员的技术和战术是决定他们属于哪种打法类型运动员的主要因素。

二、各种类型打法的特点

在网球运动中，选手们趋向于根据自己独特的技术、体质、战术和心理特点来决定采用某种打法。模仿偶像对一名运动员采用的打法类型也有影响。国内外对于打法有不同的分类方法，但大同小异，国内分为上网型、全能型和底线型三种。

（一）上网型打法

上网型打法的特点是以发球或随球上网为自己创造上网的机会，再通过网前截击，高压限制对方的底线抽击，直接得分或造成短兵相接的中前场搏杀。发球上网是上网型选手在发球局中的主要战术。根据发球技术可以细分为"艺术型"发球上网和"强力型"发球上网。"艺术型"发球上网的代表人物是拉夫特和埃德博格，他们的发球有非常强烈的旋转，为此不惜以牺牲球速为代价。上旋发球能高高越过接发者的肩膀，迫使对手在难以发力的高度击球，有利于自己快速上网，用出色的网前技巧来拿下这1分。"强力型"发球上网，其代表人物是伊万尼塞维奇和桑普拉斯，他们强悍的发球往往能直接得分，至少能以球速破坏对手的接发球质量，然后上网轻松得分。

（二）全能型打法

全能型打法的特点是既能发球上网、随球上网，在网前和中场进行短兵相接的搏杀，又能通过底线抽杀控制局面，战术手段多样，能根据对手的情况有针对性地实施战术。拥有全面的技术和变幻莫测的战术，这听上去很完美，但实际情况远非如此。原因有二：其一，因为各项技术都过硬是很难办到的事；其二，光"全能"是远远不够的，必须拥有强大的得分武器才能在现代网坛立足。在实际比赛中，全能型的打法大多有两种倾向，一种倾向于网前和中场，比如约克曼；另一种则更倾向于底线，比如菲利普西斯。

（三）底线型打法

底线型打法曾经有攻击型和防守型的分类，但现在这种分类已经没有存在的必要了。如今，所有的底线型选手，包括那些泥地选手，都是攻守兼备，否则就无法立足于现代网坛。底线型打法的特点是以底线抽球的节奏、旋转、球速、落点变化来争取主动，摆脱被动。当对手在底线时，则到处调动他，寻找制胜的机会；当对手在中前场时，则用破网和挑高球来化解。当今网坛75%的选手都采用底线型打法，能攻善守的休伊特便是这种打法的杰出代表。

国外对网球主要的打法及其特征描述如下：

1. 上网型选手/发球上网截击型选手

这种选手具有善于结合使用两种击球（发球上网截击、随球上网截击）和快速向前移动的能力。他们首发的成功率高，通常在快速型场地比在慢速型场地发挥得更好。

2. 攻击型的底线选手/回球好的选手

此种类型的选手靠近底线提前击球，击出的落地球力量大。他们的正手通常是强有力的武器，他们力求经常从后场使用有效的正手侧身击球技术得分。他们在各种类型的场地，尤其在慢速型和中速型场地发挥极佳。他们回球好，但发球所占的优势不明显。

3. 善打穿越球的选手

对对手而言，他们通常是防守型的底线型选手，在比赛中他们通常任凭对手进攻。这种选手击球的位置比攻击型的底线型选手离底线更远一些。他们能稳拉落网并结合强有力的上旋球，球路既高又深。他们通常具有很好的体能和心理素质。他们通常在慢速型场地的发挥比在快速型场地发挥得更好。他们趋向于根据对手和场地的类型来改变自己的打法。

4. 技术全面型选手

这种选手能使用各种打法，因为他们善于使用多变的球速，而且打法稳定。他们在各种类型的场地上都有极好的发挥。

思考题

1. 解释以下术语：球的深与浅、开放与关闭、击球点、击球时间、拍面角度和击球部位、发力方向和发力方法、甜点区。
2. 网球比赛的三大要素是什么？它们各有何作用？
3. 什么是打法？什么是打法类型？网球运动员主要有哪些打法？其各自的特点是什么？

第四章　网球运动的基本技术

> 【内容提要】本章阐述了网球运动的基本技术。包括握拍方法、正反手底线击球技术、发球技术、截击技术、接发球技术、高压球技术、挑高球技术、放小球技术、反弹球技术，等等，并就各项技术的动作要点、常见练习方法和易犯错误进行较为细致的阐述。

第一节　握拍方法及其要点

一、握拍方法

握拍时手掌边缘与拍柄底部齐平，勿握在拍柄的中央部位；掌心和手指应与拍柄最大面积地贴合在一起，体现出拍手一体、拍手无间的感觉，不能仅用手指捏住拍柄；拇指环过拍柄贴压于中指之上，勿留空间，以免在击球时球拍脱手；食指略与中指分开并自然地与拍柄靠在一起，如果像握拳头一样死板地将球拍抓在手里，那么握拍的灵活性及随意性就要逊色许多，不利于对球拍的控制，手也容易感觉疲劳。

网球的握拍方法主要有东方式（包括东方式正手及东方式反手）、西方式和大陆式，还有半东方式、半西方式等，其依据是持拍手之虎口相对于拍柄各棱面的位置而定。不同的握拍方法各有其特点和作用。

二、握拍方法的选择

选择什么样的握拍方法是根据选手的身体条件及技术特点来决定的。以下介绍的握拍法供初学者参考。建议以握拍稍深的东方式握拍法来打正拍；至于反拍击球，无论是单手或是双手握拍，通常采用大陆式向左稍深的握拍法；而发球、截击时，选择比大陆式握拍更浅一点的握拍方法，目的是使肘关节容易向内侧旋转。

三、各种握拍方法的要点

（一）东方式正手握拍

将手平放在拍面上，然后下滑到球拍拍柄处握住；或者把球拍平放在桌面上，将球拍拿起即为东方式握拍（如图4-1所示）。从技术的角度讲，此握拍法接近于握手的感觉。

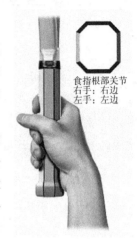

图4-1 东方式正手握拍

优点：东方式正手握拍易于正手抽球，拍面和掌心的方向一致，初学者更容易体会用掌心击球的感觉，并且击出的球更稳定。采用这种方法握拍，拍面可以通过摩擦球的后部击出上旋球，还可以打出力量大、穿透性强的平击球。同时，东方式正手握拍很容易转换到其他握拍方式，因此，对于初学者来说，东方式正手握拍是不错的选择。

缺点：与西方式正手握拍相比，东方式正手握拍的击球点要求在身体前侧更高一些，但它不适用于打半高球。虽然东方式正手握拍击出的球比较有力量，而且穿透性强，但更多的是平击球，这就导致稳定性会差一些，因此很难适应多回合的打法。可见，东方式正手握拍不适用那些希望打出更多上旋球的底线型选手。

（二）西方式正手握拍

拍面水平于地面，由正上方握起，食指根部接触到一个平面，这就是西方式正手握拍法（如图4-2所示）。喜欢打强烈上旋的土场选手多采用这种握拍法。

图4-2 西方式正手握拍

优点：这种握拍法有利于以拍面强烈地击打球的后部，从而使击出的球旋转性强，落地后向前冲击较大，能使对手面临更大的压力。可以让击出的球恰好过网，但过网后就会立刻下坠，而球在落地后还会高高地弹起，这就迫使对手退至底线后回球。西方式正手握拍法比其他正手握拍法都更容易回击击球点较高的来球。正是因为这种握拍法对高球的良好控制，因此，许多土场选手和青少年都很青睐这种握拍法。

缺点：回击低球是此种握拍法的致命弱点。这就是为什么许多采用此种握拍法的职业选手在球速较快、球的反弹较低的硬地或草地场上比赛时表现得不尽如人意的原因。同时，这种握拍法需要以更快的挥拍动作增加球的旋转，否则，击出的球就会既没有速度也没有深度。对于一部分选手来说，采用这种握拍法很难打出弧线较平的球。

（三）大陆式握拍

球拍与地面垂直，由球拍正上方握拍，拇指围住拍柄，食指第三指关节紧贴于拍柄右上斜面，这就是大陆式握拍（如图4-3所示）。

优点：运用大陆式握拍法可以使发球或打过顶球时充分发挥手臂的作用，有利于击出正手平击球和处理低球。由于在打正手和反手时不需要调整握拍法，因此大陆式握拍法也是打网前截击球的最佳选择，可以使正拍及反拍攻防转换十分迅速，同时还有利于回击较低的来球。

缺点：采用大陆式握拍法很难打出带上旋的球或削球。采用此种握拍法击球时击球点在腰部高度，由于球在这一点停留的时间非常短暂，所以击球时间就很短。另外，这种握拍法处理速度快的反弹球较为困难。

图4-3 大陆式握拍

（四）半西方式正手握拍

以东方式握拍，然后逆时针方向旋转（左手握拍则顺时针方向旋转）球拍，使食指根部压在下一条拍棱上。底线力量型选手多采用这种握拍方法（如图4-4所示）。

优点：相对于东方式握拍，这种握拍方法可以让选手打出更多上旋球，使球更容易过网，更好地控制线路，它很适合打上旋高球和小角度的击球。而且这种握拍方法还可以打出更深远的平击球。由于击球时大幅度地引拍，使球产生较强的上旋，有助于回球的稳定，减少失误。这种握拍方法在身体前部的击球点比东方式握拍更高，因此更有利于控制高球。

缺点：半西方式握拍不适合回击低球。因为采用这种握拍方法时，拍面自然地呈关闭状态，这样迫使选手必须打球的下部然后向上拉球，容易给对手留下进攻机会。另外，从底线上网时，这种握拍方法转换到大陆式握拍法需要做很大的调整。

图4-4 半西方式正手握拍

（五）东方式反手握拍

从大陆式握拍开始，顺时针旋转球拍（左手持拍则为逆时针），使食指根部压在上一个斜面，便形成东方式反手握拍（如图4-5所示）。

优点：同东方式正手握拍一样，它可以给手腕提供良好的稳定性。击出的球可以略带旋转，或直接击出很有穿透力的球。而且，采用这种握拍方法只要做非常小的调整就能回到东方式正手握拍，使选手在削球或在网前截击时都会比较轻松。

缺点：尽管这种握拍法能很好地处理低球，但它不适合打高于肩部的上旋球，因为这种握拍法很难控制这样的回球，所以在多数情况下，选手只能采用防守式的削球将球回击至对手场内。

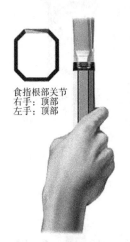
图4-5 东方式反手握拍

图4-6 半西方式反手握拍

图4-7 双手反手握拍

（六）半西方式反手握拍

这是西方式正手握拍选手多采用的反手握拍，可以采用大陆式握拍，并逆时针将球拍转至下一个平面。食指根部仍处于拍柄的上端，但其他三个手指根部几乎与食指处于一条与拍柄平行的直线上（如图4-6所示）。

优点：同西方式正手握拍一样，这种握拍法也是很多土场选手采用的方法。采用这种握拍法时，拍面比普通东方式反手握拍关闭得更多一些，而且击球点也在身体前更高的位置，这样有利于处理高球，也容易打出带上旋的回球。反手攻击能力强的选手大都采用这种握拍法。

缺点：它与西方式正手握拍有着相似的局限性，即不适合处理低球。因为它也不能很快地转换握拍法来回击网前球。采用这种握拍法的选手通常喜欢打底线。

（七）双手反手握拍

使拍面处于大陆式和东方式反手握拍的中间位置，然后用另一只手以东方式正手握拍法握在持拍手的前方（如图 4-7 所示）。

优点：此握拍法适用于单手力量不足或双手具有良好协调性的选手。比起单手反手底线击球技术，由于双手反手借助肩部的转动和小幅度的挥拍来发力，因此反拍击球时隐蔽性比较强，而且在回球时力量很足，处理击球点较低的来球较为容易。

缺点：因为是双手握拍，这就限制了跑动，故在进行大幅度移动击球时很困难，而且不容易转身挥拍；网前截击时双手反手握拍不易控制拍面，回击直线截击较困难；不适合移动较慢的选手。

第二节　正手底线击球技术

正手底线击球技术是网球技术中最基本的击球技术，也是初学者最先学习的击球技术。正手底线击球技术，击球有力、速度快。一场网球比赛，运用正手底线击球技术的机会最多，有经验的运动员是依靠正拍来创造机会进而得分制胜的。对初学者来说，最重要的是先把球打过网并且要落在球场内，而正手底线击球恰恰容易做到这一点。下面以右手握拍为例介绍正手底线击球技术的动作要领。

一、正手底线击球的基本技术

正手底线击球由准备姿势、后摆引拍、挥拍击球和随挥跟进 4 个技术环节组成（如图 4-8 所示）。练习时要按照这 4 个环节进行。

图 4-8　正手底线击球技术动作

（一）准备姿势

面对球网，两脚自然开立与肩同宽或略大于肩宽，两膝放松，重心稍前移，落在前脚掌上，左手扶住拍颈，拍面与地面垂直，拍头指向对方来球，做好击球准备。

（二）后摆引拍

当判断来球需要用正拍回击时，向右转肩、转髋，带动球拍向后向上弧线引拍。引拍要迅速，球拍指向球场后端的挡网，拍底正对着球网，拍头向上稍高于手腕；同时移动双肩，重心后移，左脚前踏（与端线成45°角），左肩对网，尽量保持侧身迎击球，左手一定要随着侧身转体而指向前面的来球。

（三）挥拍击球

击球时应转动身体，用力蹬腿，以肩关节为轴，手腕固定，用大臂挥动带动小臂，沿着来球的轨迹挥出去，一般在左脚右侧前方与腰齐高的高度击球。当来球较高时，就快速后退；来球较低时，应上前并屈膝，始终保持在与腰齐高的高度击球。

（四）随挥跟进

球触拍后，使拍面平行于网的时间尽量长些，挥拍沿着球的飞行方向前送，重心前移落在左脚上，身体转向球网，拍头随着惯性挥到左肩的前上方，肘关节向前向上，用左手扶拍颈。随挥跟进结束，立即恢复到准备姿势。

二、正手底线击球的技术类型

（一）正手上旋球

正手上旋球的特点是飞行弧线高、下降快，落地后反弹高而远，前冲力较大。正手上旋球具有较强的攻击性且失误很少。正手上旋球同正手底线击球的4个技术环节相似。面对球网，两脚自然开立，重心稍前移并落在前脚掌上，左手扶住拍颈，注意对方来球。当对方来球时，迅速向后引拍，向来球方向迈出前脚，侧对球网，屈膝降低重心；向前挥拍时，重心移向前脚，在前脚右侧前方击球，拍面稍后仰，球拍从下向上、向前擦击球的后上部。击球后要有完整的随挥动作，重心全部落在前脚上，球拍挥到左前上方。

第四章　网球运动的基本技术

（二）正手平击球

正手平击球的特点是速度快，球落地后前冲力大，球的飞行路线较直，在击球过程中球拍几乎是水平运动，但其准确性和控制力较差。当需要打正拍击球时，眼睛注视着来球，迅速转体向后引拍，球拍要收紧至腋下，直线向后，拍头对着身后挡网，左脚向右前方迈出一步，约与端线成45°角，右脚约与端线平行。向前挥拍击球时，击球点在左脚右侧前方与腰齐高的位置，球拍触球时手腕要绷紧，拍面与地面基本垂直；击球后必须有随挥动作，使球拍挥至左肩前方，肘关节向前，重心移至前脚上；完成随挥动作后，身体转向球网。

（三）正手切削球

正手切削球的特点是挥拍时使球由后上方至前下方产生旋转，球过网时很低，落地后弹起很低并伴有回弹现象。下旋球落点容易控制，能打出长球或小球，常用于随球上网，击球时比较省力。缺点是攻击力量不大。正手削球可以同上旋球和平击球交替使用，来交换旋转和节奏球，扰乱对方的节奏，使其难以回球。

正手切削球的准备动作与前面几种击球方法相似，一般采用大陆式握拍法，当来球时，要引拍转体，左肩对球网，重心落在右脚上，拍头高于击球点，锁紧手腕；左脚向右前方跨出的同时，左手指向前面来球，以保持身体的平衡，由后上方向前下方挥拍，击球点在左脚右侧前方，击球的后上部，用球拍把球包住，使球有在拍上滑动的感觉；身体重心移至前脚，击球后拍头应随球挥至身体左侧，完成随挥动作后，身体恢复到准备姿势（如图4-9所示）。

图4-9　正手底线削球技术动作

三、正手底线击球的技术要点

（1）击球全过程中眼睛要始终盯住球。

网球运动教程

（2）尽早、尽快地后摆引拍。

（3）击球时，握紧球拍，绷紧手腕。

（4）球拍随球送出，充分随挥至左前上方。

四、正手底线击球的常见错误及纠正方法

（1）常见错误：经常把球打在球拍边上，不能打在甜点。

纠正方法：眼睛必须始终盯着球，从对方击球开始到自己击球后结束。

（2）常见错误：击球时手腕扭动太大。

纠正方法：①手腕应固定，必须锁住，但不能紧张；②用整个手臂挥拍击球。

（3）常见错误：击球点太靠后。

纠正方法：提前做好准备动作，身体迎上去，在身体前方击球。

（4）常见错误：击球后重心落在后脚。

纠正方法：击球后身体前倾，重心前移，拍向前挥出，非执拍手可同时向前扶着拍柄，使身体保持稳定。

（5）常见错误：顺势挥拍动作太小，影响击球的深度。

纠正方法：整个挥拍动作，包括随球动作应是完整、协调、平滑地进行。

（6）常见错误：击球成托盘状，将球托过网，球无力。

纠正方法：注意正确的击球部位，应击在球的后偏下方，包球，使球上旋并有前冲力。

第三节 反手底线击球技术

网球基本技术中，反手底线击球是与正手底线击球同样重要的击球方法，初学者一般先学习正手底线击球技术后再学反手，当正手底线击球有了一定的基础后再学反手就比较容易。反手底线击球与正手底线击球在技术动作上有相似之处。单手反拍和双手反拍各有长处，一般来说，初学者还是尽可能地先学习正规的双手反拍击球，有了一定基础后再根据自己的打法和习惯，选择单手或双手打。

一、双手反手底线击球技术

（一）双手握拍打反手的特点

由于双手握拍，击球时有另一只手扶持，可以抵挡住对方凶猛的来球，击球固定，球拍更稳，对手很难判断挥拍动作及击球的角度，有较好的隐蔽性，击球的准确性和攻击力增强，可以提高主动进攻的意识。但该技术对脚步移动和判断能力的

要求很高,体力消耗较大,扩大了对方的攻击范围。目前,世界男子排名第一的穆雷和女子排名第一的小威廉姆斯都是反手双手握拍。但像费德勒、瓦林卡、辛吉斯等高手却采用单手反手底线击球技术。

(二) 双手握拍打反手的握拍方法

双手握拍打反手最好是右手用东方式反手握法,左手用东方式正手握法。一旦来球向你的反手方向飞来,右手要立即换成反手握法;向后拉拍时,左手顺着拍柄向下滑,直到双手相接触,左手掌贴在拍柄背面以东方式正手握拍法握拍,双手靠拢紧握球拍。

(三) 双手握拍打反手的基本技术

直线向后拉拍,早点收拍,这是击球的关键,靠肩转动使手臂后拉,将拍拉至与手腕齐平的高度,手腕要固定,手臂要放松,平伸向后,右脚要向边线方向跨出一步,两膝稍屈,使身体侧身对网,右肩前探,拍头稍低于击球点。用手臂和手腕由低向高向前挥拍,身体重心前移,眼睛始终看球,保持低头姿势,击球点比单手握拍要靠近身体或稍后一些;击球时双手紧握球拍,最理想的击球高度是与腰齐高,还击不同高度的来球时,要通过身体重心的高低来调节,不能用拍头的高低来调节。拍头一定要随着球飞离的轨迹出去,这有助于延长球与拍的接触时间。开始跟进动作时,使后肩向着球飞出的方向绕出而完成,弧线挥拍向上,把球拍带到身体的另一侧,在高处结束随挥动作,动作与右手单手打正拍基本一致。双手反手底线击球技术动作如图4-10所示。

图4-10 双手反手底线击球技术动作

(四) 双手握拍打反手技术要点

(1) 看球,余光看对手。
(2) 迅速移动到击球位置,并正确地做好后摆。

(3) 击球时，前臂伸直，绷紧手腕。

(4) 在身体另一侧的高处结束随挥动作。

二、单手反手底线击球技术

单手反手底线击球由准备姿势、后摆引拍、挥拍击球和随挥跟进 4 个环节组成（如图 4-11 所示）。

图 4-11　单手反手底线击球技术动作

（一）准备姿势

反手底线击球的准备姿势与正手底线击球相同。面向球网，两脚分开与肩同宽，屈膝，上体稍前倾，重心落在前脚掌上，左手扶住拍颈，拍头指向对方，拍面与地面垂直。眼睛密切注意对方来球。

（二）后摆引拍

当判断对方来球朝你的反手方向飞来时，扶住拍颈的左手应迅速帮助右手由正手握拍变换为反手握拍，向左转肩、转髋，带动球拍向左后方摆动；后摆时肘关节自然弯曲，拍头稍翘起，指向后方，右脚向左前方上步，右肩或右背对着球网，重心在左脚。打反手的后摆动作应比打正手的后摆动作要早，整个动作要连贯、协调，左手始终扶住拍颈，直到开始做前挥动作为止。

（三）挥拍击球

球拍由后向前上方挥出，前挥时手臂仍保持弯曲，直到随挥结束后才伸直。击球点在右脚左侧前方，击球时球拍与右脚应在一条直线上，高度在膝与腰之间（比正手底线击球技术稍低），拍触球时手腕绷紧，拍面与地面保持垂直，击在球的中部，用转体和转肩的力量使重心前移落到右脚上。

（四）随挥跟进

击球后，球拍沿着球的飞行方向向前、向上送，重心前移落在右脚上，挥拍在右肩上方结束，身体转向球网，恢复原先的准备姿势。

三、反手底线击球的技术类型

（一）反手上旋球（单手）

反手上旋球的特点与前面的正手上旋球基本一样，球落地后反弹又高又远，容易控制。当对方来球飞向你的反拍时，要迅速转肩转体，扶拍颈的左手帮助右手由正手握拍换成反手握拍。向后引拍，重心移向左脚，屈膝降低重心，右脚向左侧前方跨一步，在右脚的左侧前方击球，拍面稍向后倾斜。拍触球时，应尽可能地保持球与拍弦的接触时间，手腕绷紧；击球时，前肩应该像一个卷曲的弹簧被放开一样，平滑地转动，这个放开动作产生了拍头出去的速度，并把力量作用于击球。击球完成后，球拍不要停止向前，应继续向前上方做随挥动作，一直挥拍到身体的右前上方为止，然后面对球网准备下一次击球。

（二）反手平击球

反手平击球的特点是球速快，球的飞行路线平直，球落地后的前冲力量大，但是稳定性较差，容易下网或出界。

当对方来球飞向你的反手时，要立刻转肩转体并引拍，同时向左前方跨出，扶拍颈的左手帮助右手换握成反手握拍并将拍拉向身体。重心移向左脚，左脚掌转至与端线平行，右肩或右背对着球网，拍面几乎与地面垂直。球拍触球时，手腕绷紧，挥拍击球的路线是从后向前上方比较平缓的挥击，左臂自然展开，保持身体平衡；击球后，球拍应随着惯性挥至右肩上方，做完整的随挥动作后，恢复成准备姿势。

（三）反手切削球技术

反手切削球的特点是球过网时很低，既能打较深的球，又能打小球，落点容易控制。打球省力，控制范围大，稳健准确，但球速一般不快。可以与上旋球结合使用，通过变换旋转和节奏来扰乱对方回球质量。当来球飞向你的反手时，要迅速转体引拍，引拍要比上旋反拍要高，球拍要远离身体，拍头向上高于手腕，拍面稍后仰。右脚向左前方跨出，扶住拍颈的左手放开，右手向前下方挥拍，在右脚左侧前方与腰齐高处触球，手腕绷紧，球拍与球接触的时间尽可能地长一些，要有球在球拍上滑动的感觉。挥拍时不要用球拍向下"斩球"，要有向下前送的动作，眼睛始终盯住球；击球后,球拍随着球出去的方向向前上方挥出,随挥动作要充分,结束在高处,然后面对球网,恢复成准备姿势。反手底线削球技术动作如图4-12所示。

图4-12 反手底线削球技术动作

四、反手底线击球的技术要点

(1) 转体、转肩要迅速,球拍及早后摆。

(2) 眼睛在整个击球过程中要紧盯住球。

(3) 握紧球拍,绷紧手腕。

(4) 向上挥拍,球拍随球送出(反拍下旋球是向下向前挥拍)。

(5) 随挥动作在旁侧的高处结束。

五、反手底线击球的常见错误及纠正方法

(1) 常见错误:经常把球打在球拍边上,不能打在甜点。

纠正方法:眼睛必须始终盯着球,从对方击球开始到自己击球后结束。

(2) 常见错误:向后引拍不够,击球无力。

纠正方法:充分转肩并使左肩后展。

(3) 常见错误:挥拍击球后过早抬头,造成击球不准。

纠正方法:养成击球后保持低头、收颊的习惯。

(4) 常见错误:击不出强有力的球,行似挡球。

纠正方法:伸展前臂击球并充分随挥,随挥结束时后足跟要离地。

六、正反手击球的练习方法

(一) 正反手底线击球的练习方法

1. 单人练习方法

(1) 对着镜子练习徒手挥拍,熟悉并巩固正确的正反手挥拍技术。

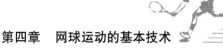

第四章 网球运动的基本技术

（2）原地对着挡网站立，自抛球，练习用正手打不落地球，然后练习打落地反弹后再下降至腰高的球。

（3）原地对着挡网站立，练习反手的自抛球落地击球。

（4）站在底线后，用多球练习正手击打不落地球过网，然后击打落地球过网。

（5）对墙稍远站立，正手击打落地球上墙，反弹落地两次后，再连续正手击打。反复练习，然后练习反手击球。

（6）与墙保持一定距离，用正手连续击球，在保证技术动作完整的基础上，争取打多个回合而不失误，再练习反手连续击球。

2. 两人练习方法

（1）一个人面对挡网，在距挡网3米处站立；另一个人背靠挡网正面抛球，让同伴练习击球。逐渐拉长击球距离。反复练习，然后练习反手击球。

（2）一个人站在底线中间，另一个人站在前方相距3米左右的地方抛球，让其练习多球的正手击球。练习一定次数后，再后移3米抛球。反复练习，然后再练习反手击球。

（3）一个人站在底线中间，另一个人站在网前用球拍喂送多球，让同伴练习正手多次击球，然后练习反手多次击球。在练习过程中，送球的落点逐渐向两侧移开，加大难度，要求每次击球结束后，迅速回到底线中间，准备下一次击球。

（4）学员站在底线中间，教练站在网前送正手球，并截击学员过网回球，将球再次送到学员身旁，让其连续练习多回合的正手击球，随后练习反手击球。

（5）在发球区内练习小场地对打落地球。将球尽量打在发球区内，分别连续多回合正手击球和反手击球，然后再练习正反手交替击球。

（6）教练分别在网前左侧和右侧送多个球，要求学员在同侧依次打正手直线球和正手斜线球，然后再打反手直线球和反手斜线球。

（7）教练站在网前中间，将多个球分别送到底线右、左两侧。学员站在底线中间，当球落到右侧时，跑上前打正手直线球，然后迅速回到原位，再跑到左侧打反手直线球。反复多球练习。

（8）基本与（7）相同，只是将打直线球改打斜线球。

（9）教练站在网前右侧，学员站在同侧底线附近，教练分别将球送到底线的同侧、球场中路、右发球区的外角，要求学员分别打正手直线球和斜线球，回球到教练身后两侧的固定位置。

（10）基本与（9）相同，教练站在网前左侧送球，学员用反手回击。

（11）教练与学员连续击打底线正手直线球，交换练习时分别连续打两条对角线的正手斜线球。

（12）基本与（11）相同，练习反手直线球和反手斜线球。

41

(13）学员与教练在底线对打，碰到直线球以斜线球回击，碰到斜线球以直线球回击。通常先让学员回击正手直线球。

(14）延续使用上一方法，练习一段时间后交换，让学员先回击正手斜线球，然后再回击反手斜线球。

(15）教练在网前送多球，一个正手球，一个反手球，时间间隔逐渐减小，左右侧的送球落点逐渐拉开。要求学员尽量能保持多回合连续击球而不失误。

(16）教练在网前用截击技术，把打过网的球分别依次击回至学员的正手位和反手位，要求学员尽量争取多回合地正反手击球。

(17）两人对墙练习壁球式比赛。

（二）正反手削球的练习方法

(1）教练站在网前，学员在网后 3 米左右，轻轻地正反手削击教练手抛的球过网。反复练习。

(2）学员站在发球线后，正反手削击教练用球拍送出的落地球。反复练习。

(3）学员站在底线后，正反手削击教练用球拍送出的落地球。反复练习。

(4）对墙连续练习正反手削球，要求由远到近、由轻到重反复练习。

(5）两人分别站在场地的对角上，反复练习由近到远的正反手削球。

第四节　发球技术

发球是网球基本技术之一，也是网球比赛中唯一由自己掌握、不受对方影响的重要技术。发球的好坏直接关系到 1 分的得失。当今网坛，发球环节已得到人们前所未有的重视。因此，必须掌握良好的发球技术。

一、发球的类型

发球一般分为平击发球、切削发球和上旋发球三种类型。

（一）平击发球

平击发球几乎没有旋转，球差不多笔直地下去，力量大，往往贴着网才能进入场内，在绝大多数场地上球反弹较小。发球、击球时的落点应在右眼前上方，以拍面中心平直对准球，击球的后中上部。因此，手腕的向前抖甩和前臂的"旋内鞭打"非常重要；此外，身体要充分向上向前伸展，以获得最高击球点，提高发球命中率。平击发球技术动作如图 4-13 所示。

第四章 网球运动的基本技术

图 4-13 平击发球技术动作

（二）切削发球

切削发球是一般运动员经常使用的一种发球技术，它可以用于第一发球和第二发球，是每个初学者必须经常练习和掌握的技术。切削发球带有侧旋，因为它以曲线进入发球区，发球成功率较高，并且将右手握拍的接球者拉出场外（右区），造成对方回球困难。但切削发球球速往往较慢。发球时把球抛到右侧斜上方，球拍快速从右侧中上方至左下方挥动。击球部位在球的中部偏右侧，使球产生右侧旋转。切削发球技术动作如图 4-14 所示。

图 4-14 切削发球技术动作

（三）上旋发球

上旋发球球过网后产生明显下坠，反弹很高，前冲很大，稳定性也很高，职业选手的第二发球一般都采用这种方式发球。发上旋球时把球抛到头后偏左的位置，击球时身体尽量后仰成弓形,利用杠杆力量使球旋转,球拍快速从左向右上方挥动,从下向上擦击球的背面,并向右带出,使球产生右侧上旋。上旋发球技术动作如图4-15所示。

图4-15 上旋发球技术动作

二、发球的基本技术

发球的基本技术中包括握拍法、准备姿势、抛球与后摆拉拍动作、击球动作和随挥动作等。

(一)握拍法

发球时一般采用大陆式握拍法或东方式反手握拍法。

(二)准备姿势

全身放松,侧身站立在端线外中场标记线旁边(单打),左肩对着左侧网柱,面向右侧网柱,两脚分开约与肩同宽。在右区发球时,左脚与右区端线约成45°角;在左区发球时,左脚与左区端线约平行,重心在左脚上。左手持球,轻托球拍在腰部,拍头指向前方。呼吸均匀,精神集中。

(三)抛球与后摆拉拍动作

抛球与后摆拉拍动作是同步开始的,持球手拇指、食指和中指三指轻轻托住球,掌心向上。当球拍向下向后引拍时,持球手同时下降至右腿处,紧接着当球拍从身后向头上方做大弧度摆动,身体做转体、屈膝、展肩时,持球手柔和地在身前左脚前上举,直至伸高及头顶。抛球动作要协调、平稳,球送至最高点再离开手指

第四章　网球运动的基本技术

抛向空中。此时，右肘向后外展约同肩高，拍头指向天空，左侧腰、胯成弓形，身体重心随着抛球开始先移向右脚，然后平稳地开始前移。此刻，肩与球网成直角。

（四）击球动作

当左手抛出球时，球拍继续向上摆起，这时握拍手的肘关节放松，从而使向前移动的身体和右肩自动地使手臂产生一个完美的绕围（注意，不是故意用拍子去做搔背动作）。当球下降至击球点时，迅速向上挥拍击球，左脚上蹬，使手臂和身体充分伸展。当身体向前上方伸展击球时，肩、手臂已经回转，双肩与球网平行。挥拍击球时，持拍手腕带动小臂有一个旋内的"鞭打"动作，这就是发球发力的关键动作，也是其他诸如重心前移、蹬腿、转体、挥拍等力量聚集的总和。

（五）随挥动作

球发出后，身体向场内倾斜，保持连续、完整的向前上方伸展的随挥动作。此时，球拍挥至身体的左侧，重心移向前方，做到完全、自然地跟进并保持身体平衡。

（六）决定发球速度的关键因素

许多人认为快速的发球动作意味着发出的球强劲有力。其实，球速并非取决于发球时的动作快慢，而是取决于击球时拍头的移动速度。那么，怎样加大拍头的移动速度呢？网球的发球动作与棒球投手的投球动作类似，投手投球时慢慢地把身体旋紧至最大限度，然后身体像压紧后释放的弹簧一样加速进入投球动作。网球发球时，可通过放松而有节奏的拉拍动作使肩膀扭紧、膝部弯曲以及腰胯成弓形，逐渐增强动量。当身体伸展至极限，突然爆发击球时，将获得最大的拍头速度。

三、发球的技术要点

（1）使用大陆式或东方式反手握拍法。
（2）用指尖轻轻地拿住球，抛球到位。
（3）球拍正确地置于背后并抬起肘关节。
（4）保持抬头看球。
（5）击球时，在身体前击球做扣腕动作，并使重心跟进。
（6）球拍横挥至身体的另一侧，完成随挥动作。

四、发球的练习方法

（1）在发球线后蹲下，左手抛球，右手持拍由下而上挥动，将球击打到对方发

球区内；待基本掌握后，由发球线向后移动2～3米，再继续练习蹲下发球；最后移动至底线，练习蹲下发球。这种方法简单易学，便于初学者在击球过程中着重体会向上、向前、向下挥拍的感觉。

（2）找一张小凳，分别放置在发球线后、中场和底线后，练习坐着发球，体会稳定重心后手臂、手腕击球时的感觉。

（3）在发球线后站立，练习向对方发球区发球，主要体会向下挥拍击球的感觉。练习至熟练后，向后移动2～3米，继续练习，体会向前、向下挥拍的感觉；最后移至底线处练习发球，体会向上、向前、向下挥拍的感觉。

（4）在网球墙上画一条与网齐高的线，并标出中心拉带线。在中心拉带线两侧间隔2米处的横线上方各画一条竖线，然后距墙6米左右对墙练习发球，并分别发向两个目标区。随着发球技术的提高，发球位置可逐渐后移，最后移至距墙10米左右，同网球场上的实战发球相似。

（5）当基本掌握发球技术以后，为提高发球的准确性和成功率，还需要再选择一些方法不断地练习和提高。例如，可以尝试以下方法练习发球。

1) 多准备一些球，在对方的发球区内设定3个目标，分别放在内角、中间、外角，可以选用圆桶或垫子等作为目标。进行发球练习时，将球发向目标；也可先设定发中目标的次数，不断轮换左右区，不断增加发中次数。

2) 在球网上放置6个小标志物，把左右半场分成A、B、C三个区段。练习发球时，让球分别从每个区段通过，并落在发球区内。计划好每个区段的有效发球次数，完成计划后，轮换到另一半场区段练习。

3) 在两侧网球柱上各竖起一根小棍，用绳子拉起，高出球网半米左右，找一些羽毛球挂在上面，练习越过较高球网的发球。

五、发球的常见错误及纠正方法

（1）常见错误：抛球不准，不能送到准确的位置。

纠正方法：设标志，专门做抛球练习。另一人在旁边纠正，使其体会到什么叫"抛球到位"。

（2）常见错误：向后引拍时，不能下降到垂直于地面的位置；小臂不能按规定路线做动作。

纠正方法：用固定物，如羽毛球等悬在击球处，要求初学者拿球拍，按照要领做规定线路的击球练习。

（3）常见错误：击球点掌握不好，靠后仰头击球。

纠正方法：把球抛得靠前些，同时，只想向前向上击球。

（4）常见错误：发球的节奏感不好，不协调。

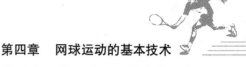

第四章 网球运动的基本技术

纠正方法：①先做空拍练习，把抛球与挥拍连贯起来，并使两臂一起动作，直到送球和挥拍动作完全协调配合；②挥拍时，保持动作协调，不要匆忙发球。

（5）常见错误：发球不过网。

纠正方法：①抛球后上看，眼不离球，下颚上仰；②击球时手臂尽量抬高，提高击球点。

（6）常见错误：引拍向外偏。

纠正方法：①一人站在练习者发球臂一侧，限制引拍时发球向外偏；②练习者侧对墙（障碍物）一定距离，反复做引拍、向前挥拍的模仿练习（持拍侧靠障碍物）。

（7）常见错误：击球点低。

纠正方法：①练习者将球拍上举，意想击球的位置，反复挥拍模仿，并在意想的击球位置停住球拍；②练习者反复击打固定目标。

第五节　接发球技术

接发球是网球的基本技术之一，也是最难掌握的技术。因为对方发来的球瞬间千变万化，多数球都击向自己较弱的位置，因此无法有效接球或还击而被动挨打。随着发球技术的不断提高，接发球的重要性越来越被网球爱好者所重视，以求在比赛中争取主动，打破对方发球优势。

接发球技术有握拍法、准备姿势与站位、击球和随挥跟进等环节。

（一）握拍法

应根据各人习惯选择最适合自己的握拍方法，可以选择东方式正手握拍法，也可以采用东方式反手握拍法。习惯正手底线击球技术的，在等待对方发球时，用正手握拍。但对方发球时往往发你的反手，因此采用东方式反手握拍比较好，从反手换成正手握拍也比较容易。握拍不要太紧，应以舒适为好。

（二）准备姿势与站位

两脚自然开立与肩同宽，双膝稍屈，脚跟离地，重心前倾，拍头约与腰同高并指向对方，两脚不停地轻轻跳动或身体微微晃动，两眼紧紧地注视着对方的抛球动作，包括抛球的高度、方向和拍面等。如果对方拍面有角度即为切削发球，可准备向边上移。

接发球的站位，在左右方向应站在发球员与左右落点连线夹角的分角线上，这样站位，正反拍接发球距离相等，不会出现明显的空当，或者站在略偏于反手位置

上。前后方向的站位要根据对手发球方式和力量大小来确定，如接大力发球，要站在底线后1米处，接其他球，一般站在底线前后就可以。接第二发球时，要向前踏进一大步，因为第二发球多半是较慢地落在近网的地方。如果发球特别软，则向前再进几步。

（三）击球

接球时的击球动作与正常击球动作基本相同。当对方把球发出后，接球员要向预测击球点及时启动，迅速做出转体引拍动作，只是后摆距离要小一些，幅度大小要根据对方不同的发球角度来调整，握紧球拍，手腕固定，并向击球方向踏出异侧脚；同时，向前迎击球，击球点是在身体前侧胸部高度处，对着球击出的方向送出球拍，尽量延长球拍触球的时间，要像打落地球那样，做好随挥动作。

对于快速来球，回球时多数采用阻挡式动作，与截击球打法相似，不要做过大的挥动，因为在接球时根本没有足够的时间做出正常的引拍击球动作，只要控制好球拍拍面，握紧球拍，绷紧手腕，借力把球挡回去，球速也会很快。

不论是快速来球，还是较慢的旋发球，接球员眼睛必须盯住球，从球离开发球员手之前，一直到球被拍击到时，眼睛始终不能离开球。

（四）随挥跟进

击球后很少有随挥动作，拍头竖起，顺势结束在较高处，身体重心在前脚掌上，脚跟离地，准备下一次回击，并立刻移动到自己场地的中央，或随球上网。

（五）发球预测

如果对方发球，抛球在头部上方偏后，可能会出现落地高球或旋球；如果抛球偏出击球的臂膀外侧，可能会出现落地低跳的切削发球；如果抛球在击球臂膀的正上方，则很难做出准确判断。此时可寻找其他提示，如发球者在底线的位置等。

第六节　截击技术

截击球是在网前进行的一种攻击性击球方法，即当球在落地之前就将其击回对方场区。可以在网前截击，也可以在场内任何地方截击空中球。截击球的特点是：缩小球的飞行距离和时间，扩大击球角度，加快回球速度。在网球比赛中，截击球已成为一种主要打法和进攻武器，是重要的得分手段之一。对初学者来说，学习网前截击不仅能提高球感，而且也能提高学习网球的兴趣。

一、截击的基本技术

截击球的动作技术包括握拍法、准备姿势与站位。

(一) 握拍法

网前截击时,有时来球很快,没有时间改变握拍方法,大陆式握拍法就符合这个要求。大陆式握拍法的优点是正反手截击都可以使用,在快速近网截击时,不需要变换握拍方法。因此,在网前截击时要采用大陆式握拍法。

(二) 准备姿势与站位

面对球网,两脚自然开立约与肩同宽,双膝微屈,上体前倾,球拍放在身体前面,略高于正反拍底线击球的准备姿势,拍头朝前并高于握拍手,左手轻托拍颈,眼睛注视来球。当对手击球的一刹那,要从对手的击球位置、挥拍动作判断来球的方向、高度和路线,以便及早起步、快速移动。

网前截击稍靠前为好,因为越靠近网,控制的角度就越大,对方就越被动。但太靠近网也容易导致球拍触网。通常情况下,以臂长距网 2 米左右为宜。最近距网 1 米,最远不要超过 3 米。

二、截击球类型

(一) 正手截击球

当判明对方来球方向后,立即转肩,以转肩带动球拍后摆,但后摆动作不要过肩,如果引拍过大,反而会增大失误的可能性。左脚朝来球方向跨出,以增加击球的力量,拍头要高于握拍手,握紧球拍,绷紧手腕,在身体的前面迎击球(前腿前 15～30 厘米处)。截击球的动作是挡击或撞击,球拍在与球做撞击的同时微微向下,有点像切削球。击球时保持拍头上翘,拍面稍向后斜。

击球后拍子对着球击出的方向有一个幅度较小的随挥动作,然后恢复成准备状态。网前截击球分进攻型和防守型两种打法。当截击高于网的来球时,属于进攻型的打法,这是得分球,可以决定性地一击;如果截击低于网高的球,就处在防守地位,首先要保证回球具备一定深度,再准备下一拍截击。正手截击球技术动作如图 4-16 所示。

图 4-16　正手截击技术动作

（二）反手截击球

一般来说，反手截击比正手截击更容易，因为反手挥拍简小而不复杂，更加符合人体解剖特点。当球来到反手一边时，用扶拍手向后拉球拍的同时转肩，球拍开始做小小的后摆，拍头高于握拍手，眼睛看球。如有时间，可以上步击球以增加力量。球与球拍接触时，握紧球拍，绷紧手腕，在身体前面 15～30 厘米处撞击球。向前撞击时，左手向后方摆动，保持身体平衡。

击球后球拍对着球撞击方向送出去，随挥动作要简小，以便能恢复到准备状态，打下一次球。反手截击球技术动作如图 4-17 所示。

图 4-17　反手截击技术动作

（三）截击高球

如果对方来球较高，但又不够高压的高度时，必须在身体前面截击。截击高球要有一定的后摆，触球时要握紧球拍，手腕绷紧并朝上。击球时球拍对准球，重心

第四章 网球运动的基本技术

向前,然后用简小的随挥动作,对着球推击并向前下方送出,准备下一次回击。

反手截击高球时,扶拍手帮助球拍向后摆,同时控制好拍面。球拍后摆幅度不要太大,拍头朝上,眼睛盯住球,击球挥拍时扶拍手放开,触球一刹那,手腕绷紧,球拍从高到低向前下击球并随挥出去。正反手截击高球技术动作如图4-18、图4-19所示。

图4-18 正手截击高球技术动作

图4-19 反手截击高球技术动作

(四)截击低球

截击低球比截击高球难度要大一些。截击低于网的来球,首先应降低身体重心,屈膝至适当高度;如果不降低重心,仅靠垂下拍头去击球,那么就会以无力的手腕动作将球向上托起。在采用弓步击球时,有时膝盖可触及地面,拍头略低于手腕,拍面放开些。在身体前面击球,击球时最好加上旋或侧旋,尽量把球回击向深处，以迫使对手向上击球。击球后，球拍随着球出去的方向做小幅的随挥动作。正反手截击低球技术动作如图4-20、图4-21所示。

图4-20 正手截击低球技术动作

图4-21 反手截击低球技术动作

（五）截击近身球

近身球就是对方击出朝着自己身体中央快速飞来的球。在网前截击时，会经常遇到这种朝身体飞来的空中球，即"追身球"，这时没有时间往一侧跨步去打正规的正拍截击或反拍截击。对付这种"追身球"的最好办法，是把球拍放在身体的前面，用反拍截击，保持手腕笔直和绷紧，拍面在身体前正对着球截击。如要加力截击，身体向左转，没有后摆动作，直接把球击出。击球后，身体前倾，球拍对准球落地的方向随挥出去。正反手截击近身球技术动作如图4-22、图4-23所示。

第四章　网球运动的基本技术

图 4-22　正手截击近身球技术动作

图 4-23　反手截击近身球技术动作

（六）截击中场球

中场球，是指在本方发球线附近的截击球，多在发球上网战术中使用。截击中场球大部分是在腰部以下的部位击球，要注意精确的击球点和拍面的角度，尽量把球回击到对方深区的空当，以便及时抢占网前有利位置。截击中场球技术动作如图 4-24 所示。

图 4-24　正手截击中场球技术动作

（七）凌空抽球

凌空抽球现在已当仁不让地成为一种击球方式，如果对手软弱无力的球来到头部高度或肩部附近时，不要犹豫，挥拍即击。挥拍的轨迹由下向上，击球点在身前，用击落地球的要领挥拍（握拍法与击落地球相同），但击球时必须夹紧腋下，这样可使挥拍稳定有力。击球后拍子要大幅度地随挥。

另外，在击球的同时前脚要大跨步，为迅速向后引拍做准备，牢固地确定作为"轴足"的右脚的位置，在重心移到左脚的同时开始挥拍，击球时把全部重心转移到球上去，还要注意由下向上挥拍击球。为了使截击球更加有力，要注意步法，根据球速协调地向后引拍，并首先确定"轴足"，然后在击球的同时前脚大幅度向前跨步。如果重心落在后脚上，球可能飞出底线，不要忘记自己是处在进攻状态，要果断地跨步击球。正反手凌空抽球技术动作如图4-25、图4-26所示。

图4-25　正手凌空抽球技术动作

图4-26　反手凌空抽球技术动作

三、截击技术要点

(1) 眼睛始终盯球。
(2) 握紧球拍,绷紧手腕。
(3) 在身体前面击球。
(4) 保持拍头向上。
(5) 用较小的撞击或推击动作击球。

四、截击技术练习方法

(一) 对镜练习

对着镜子,结合步法分别练习正手截击动作和反手截击动作。注意动作的规范性。

(二) 1人对墙练习

(1) 对墙距离2米左右,用球拍颠球5次,然后正手将球推送上墙,再用球拍接住球颠5次。连续10个回合后,改颠球4次;再连续10个回合,改颠球3次。依此类推,直到直接与墙进行正手截击练习。
(2) 方法同上,进行反手截击练习。
(3) 分别进行正反手依次对墙截击练习。
(4) 随着对墙练习熟练程度的提高,逐渐与墙拉开距离,进行正反手截击练习。

(三) 2人截击练习

(1) 正手截击练习时,一人在网前依次用左、右手接住同伴扔向右侧的球。要点是跨步上前抓球,然后再跨步上前用右手抓球;接着,右手握住拍颈上前挡球,等稍熟练后,再握住拍柄中部挡球;最后握住拍柄底部进行常规的截击练习。
(2) 反手截击练习方法同上。
(3) 两人相距2米左右,一人用球拍颠球5次后,将球传送给同伴;同伴接住球也颠球5次,再送回对方。练习10个回合后,开始颠球4次、3次、2次、1次,直至双方直接连续颠球练习。待练习熟练后,可适当拉开距离练习。这种方法一般先从正手截击练习开始,然后再进行反手截击练习。
(4) 两人在网前相距3米左右,进行直线的连续正手截击练习,然后再进行反拍直线截击练习。可适当拉开练习距离。

（5）两人在网前相距 3 米左右，沿斜线隔网站立，交替进行正反拍连续截击练习。可适当拉开距离。

（6）教练在发球线后多球喂送，让学员分别进行定点的正手截击练习和反手截击练习。要求分别打到指定的 A、B、C、D 目标区域内。

（7）教练在底线击球，学员在网前截击直线球；教练将球回击到网前，学员再将球截击过网。如此连续做多个回合的直线截击球练习。

（8）学员在球网中间稍后位置准备，教练在右中后场分别送不同方向的球，学员跑上前把球截击到左侧固定区域；教练在左中后场送球，学员把球截击到右侧固定区域。

（9）教练在同侧底线多球喂送，学员在右侧截击直线球后，迅速移动，触摸左侧标志物，随即再回到右侧截击斜线球。

（四）3 人截击练习

（1）3 人在网前做 2 对 1 的连续截击练习。

（2）2 人在底线后，1 人在网前，进行 2 对 1 的连续截击练习。3 人可轮流交换练习。

（五）4 人截击练习

（1）2 对 2 的网前相互连续交替截击练习，可采取碰到直线球的球员以斜线球回击、碰到斜线球的球员以直线球回击的练习方法，然后让打直线球的球员与打斜线球的球员交换练习。

（2）2 人站在底线，2 人站在网前，连续交替截击练习；也可采取碰到直线球的球员以斜线球回击、碰到斜线球的球员以直线球回击的练习方法，然后让打直线球的球员与打斜线球的球员交换练习。

五、常见错误及纠正方法

（1）常见错误：球打在球拍边上，打不准。

纠正方法：眼睛必须紧盯住球。

（2）常见错误：击球时步法不正确，两肩同时对网。

纠正方法：①击球时必须侧身对网，运用正确步法向前截击；②同伴在练习者击球瞬间叫"停"，练习者检查击球时的手法、步法是否正确，使其随时都用正确方法击球。

（3）常见错误：怕挨打，缩手缩脚，不敢上网。

纠正方法：①思想上要解除顾虑，敢于上网；②在技术上，要求准备动作把身

第四章 网球运动的基本技术

体重心放在前脚掌上,随时移动,只有判断清楚方向,才能截击任何角度的来球。

(4) 常见错误:球拍触球后没有控制能力,球向场外飞。

纠正方法:①手腕固定、使劲,不能放松;②球拍顶端高出手腕,在身体前侧击球;③体会截击的力量来源于手腕,而不是由手臂挥动产生的。

(5) 常见错误:击球点靠后。

纠正方法:①掌握正确的引拍技术,引拍幅度不要太大;②背靠挡网,反复练习截击球的模仿动作及击球动作。

第七节 高压球技术

高压球是指在头上用扣压的动作完成的一种击球方法,是对付挑高球的一项进攻型技术。在网球比赛中,当你冲到前场击球,对方常用挑高球调动你,如果你掌握了高压球技术,给对方一个落点准、力量大的高压球,会起到决定性的作用,这样既能增加上网截击的信心,使自己精神大振,达到最佳竞技状态,同时也会使对方产生恐惧心理。

高压球技术与截击球技术是密切相关的,在比赛中,如果运用上网截击球技术,就必须学会打高压球,否则,对方就会挑高球将你打败。因此,截击球技术与高压球技术应同步提高。

一、高压球的基本技术

(1) 高压球的动作与发球动作相似,握拍也与发球握拍相同。当对方挑高球时,应立即侧身转体并用小促的垫步向后退,同时,持拍手上举至头部向后引拍,重心在两脚前脚掌上,后腿弯曲,随时准备扣杀。

(2) 准备击球时,非持拍手上举指向来球的方向和高度,碎步调整位置。击球动作与发球一样,击球点在右眼前上方。如果跳起高压,用后脚起跳,转体、收腹,击球后用左脚着地,同时右脚向前跨,准备再上网截击。

(3) 近网高压球击球点可偏前,便于下扣动作的完成,远网后场高压的击球点可稍后些,击球动作向前下方挥击,以防下网。

(4) 击球后的跟进动作尽量像发球那样完整,起跳高压时要保持身体平衡。

二、高压球的类型

(一) 近网高压球

对方挑高球落点位于发球线之前,就可迎上去大力扣杀,直接置对方于死地。

57

这种高压球的击球点可偏前，以便击球时向下扣压。近网高压球技术动作如图 4-27 所示。

图 4-27　近网高压球技术动作

（二）后场高压球

对方挑离球落点位于发球线之后，此时要大胆果断，就像打正常的高压球一样，击球点可稍后些，步法及时移动到位，迅速跳起给予猛击。击球后的跟进动作要长些，向前向下扣压。后场高压球技术动作如图 4-28 所示。

图 4-28　后场高压球技术动作

（三）落地高压球

当对方挑出直上直下的高球时，可等球落地弹起后再打，这样可增加打高压球的把握和信心。这种球落地后跳起的弧线一般是直线向上的，所以步法移动要迅速，退至球的后面，调整好击球点的位置，然后向前还击球，像发球一样向前向下击球，落点对准发球线与底线之间，这样才能提高击球的成功率。落地高压球技动作如图 4-29 所示。

图 4-29 落地高压球技术动作

（四）反手高压球

由于反手高压不容易发力，且易失误，故在比赛中运用较少，一般都及时侧身后退，打头顶高压。当对方挑高球至左侧场边线，被迫使用反手高压球时，应及时向左侧身，提肩抬肘，拍子低于手腕与肘关节，击球点在左上侧。击球时，前臂和手腕迅速向上挥起，手腕紧固，集中精神和力量打准落点，提高准确率。

击球后，高压球的随挥动作就像平时击球一样，扣腕动作要继续，并让球拍绕过身体，使其在结束时在身体的左侧并指向身后的挡网。

打高压球最好是站在地上打，但有些球过来时，如不跳起来增加高度，球就会从球拍顶端飞过去，失去主动进攻的机会。当判断来球时，快速侧身、垫步或滑步、向后跳起挥拍同时进行，争取在最高点击球，利用手腕的扣压动作将球压入对方场区。反手高压球技术动作如图 4-30 所示。

图 4-30 反手高压球技术动作

三、高压球的技术要点

（1）眼睛自始至终盯住球。

（2）当对方挑高球，马上后退，侧身对网。

(3) 调整好步法，跟进重心，在身体前面击球，用力扣腕。

(4) 充分完成好随挥动作。

四、高压球的练习方法

(1) 对着镜子练习高压球挥拍动作，注意保持左手充分上指、球拍上举的击球前准备动作。

(2) 练习后退高压击球的侧后交叉步法。

(3) 对墙6米左右站立，发球击向墙根前1米左右的地面，待球反弹向墙再飞向空中时，用高压球技术将球再击向墙根地面，又弹向空中时，再练习击打高压球。以这种方式连续练习高压球时，应注意要由轻到重、由近到远地击球。

(4) 自抛高球，待球落地反弹后进行高压球练习，然后再进行不等球落地的高压球练习。

(5) 教练在网前高凳上手抛高球，让学员进行连续的高压球练习，并逐渐增加前后左右移动的高压球练习。

(6) 学员在网前击打高压球后，迅速上前碰网一次；再立即后退，高压击打教练抛出的球，然后再上前碰网。反复练习，多体会后退高压击球的步法。

(7) 学员在网前，教练抛送高球，要求学员等球落地弹起后方可做高压击球练习。

五、常见错误及纠正方法

(1) 常见错误：击球位置不好，不能判断落点和打球时机。

纠正方法：两人练习时，一人在旁喊口令："前进、后退、击球"，体会空间感觉，找准击球点。

(2) 常见错误：扣球无力，没有"手腕鞭打"的动作。

纠正方法：①击球时，球拍和球接触角度要正确，使球飞出的路线与拍面垂直；②协调运用腰腹和手臂等力量扣球。

(3) 常见错误：击球的方向不对。

纠正方法：①必须保持侧身对网；②准备击球时，以左肩对球，保持球在头部的前上方。

(4) 常见错误：球打不过网或触网失误。

纠正方法：①必须把整个动作，包括随球动作做完，不要中途停顿；②击球点在头部前方，眼睛必须一直盯住球。

(5) 常见错误：击球发力过早或过晚。

纠正方法：①打固定球；②击打教练抛出的球；③反复徒手练习直接上举球拍呈击球预备姿势，左手要指着球。

第八节 挑高球技术

挑高球通常是被迫使用的一项防御技术，它可以破坏对方的进攻节奏，有时对高水平的选手也有很大的威胁。高球挑得隐蔽，能减弱对方在网前的优势，使自己从被动转为主动，因此一定要重视挑高球的练习。

一、进攻型挑高球

（一）特点与作用

主动上旋挑高球是颇具威胁的进攻型武器，此种球具有弧顶高、下坠急、落地后前冲猛的特点，越过对方头顶以逼迫其反身回追，往往是破网得分的一种手段，也可置对方于被动的境地。使用上旋挑高球的最佳时机，是当你处于底线且对手站位较靠近网前，此时运用进攻型挑高球会收到较好的效果。

（二）动作要点

挑高球动作要尽可能和底线正反拍上旋抽击球动作一样，完成拉拍动作时，要使手腕保持后屈。在挥拍击球时，拍面垂直，拍头低于手腕的位置，由后下向前上挥拍，做弧线形鞭击动作，使球拍在击球瞬间进行擦击，以产生强力上旋。击球点在身体侧前方，重心落在后脚。击球后，球拍必须朝着自己设想的出球方向充分跟进，随挥动作要放松并在身体左侧结束。正反手上旋挑高球技术动作如图 4-31、图 4-32 所示。

图 4-31 正手上旋挑高球技术动作

图4-32 反手上旋挑高球技术动作

二、防守型挑高球

（一）特点与作用

处于被动时挑高球虽然是度过危机的防御手段，但只要运用得当，同样可以获取得分的先机。一个成功的挑高球必须具备如下要素：可以轻易越过对手的头顶让其无法凌空扣到，从而迫使其不得不转身跑向后场施救。能够打出这样的挑高球，可以趁对手向后跑动时游击到网前，准备用截击或是高压来对付回球。防守型挑高球亦称下旋高球，它飞行弧线高，比上旋高球更易控制，具有失误少的优点。掌握好了下旋高球，同样可以使对方失去在网前扣杀的机会。

（二）动作要点

挑下旋高球和挑上旋高球一样，同样需要动作隐蔽。因此，其握拍、侧身转肩、向后引拍应尽量与底线正反拍击下旋球动作一致。击球时拍面朝上，触球的中下部，由后下方向前上方平缓挥拍击球，似向前切推。为了更好地控制球的高度和深度，要尽量使球在球拍上停留时间长一些，动作要柔缓。随挥动作与底线正反拍击下旋球相同，面对球网，重心稍后，跟进动作要充分。正反手下旋挑高球技术动作如图4-33、图4-34所示。

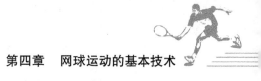

第四章 网球运动的基本技术

图 4-33 正手下旋挑高球技术动作

图 4-34 反手下旋挑高球技术动作

三、挑高球的技术要点

（1）挥拍自然放松，用球拍由后下方向前上方把球送出。
（2）眼睛紧盯来球。
（3）充分引拍，击球的下部或后下部。
（4）击球手腕固定，往高处随挥。
（5）进攻型挑高球与防守型挑高球要结合使用。

四、挑高球的练习方法

（一）一人挑高球练习

（1）找一堵较高的墙，设定一个目标，在离墙 15 米左右对墙挑高球。要求球在通过最高点下落时，尽量碰到墙上设定的目标。反复进行正反手挑高球练习。

（2）站在底线后，自抛球，用正反手做挑高球练习。要求使球的落点靠近底线附近。

（3）教练在网前送球，球速由慢到快，位置由中间到两边，学员用正反手做挑高球练习。

（二）两人挑高球和高压球练习

（1）两人都站在固定位置，一人在底线中间，另一人在网前中间，进行可控的挑高球和高压球练习。尽量做到连续多回合不失误，然后两人交换场地。

（2）一人在底线送出高球，网前的球员用高压球技术分别向左侧、中路、右侧击球，底线的球员迅速移动，并挑高球到网前，再让同伴用高压球回击；反复练习，然后两人交换练习。

（3）一人在网前将球送给底线球员，底线球员挑高球到网前，用高压球回击再挑高球到中场，再后退用高压球回击；再挑高压球到后场，进行高压球练习。随后接着不断向前、向后移动练习高压球。最后两人交换练习。

五、常见错误及纠正方法

（1）常见错误：进攻型挑高球，拍头放得不够低，造成球的上旋不够，高度偏低。

纠正方法：击球前使拍头低于手腕；加强挥拍的连贯性，并充分随挥。

（2）常见错误：击球时拍面控制不好，造成击球失误。

纠正方法：根据挑高球的性质合理利用拍面。比如，防守型挑高球，必须适当地打开拍面。

（3）常见错误：移动不到位，击球不准确，造成失误。

纠正方法：加强步法练习，眼睛始终紧盯来球，击球的下部。

（4）常见错误：动作不够隐蔽，使对方有所防备。

纠正方法：切记，击球前的准备姿势必须和抽击球一样。多做无球模仿练习。

（5）常见错误：挑高球过低，被对方高压扣杀。

纠正方法：挑球时要随时提醒自己，一定要挑过对方头顶；尽量挑向对方反手位；多做原地和移动中的挑高球练习，增强手感。

第九节　放小球技术

放小球也叫放轻球，一般是对方在底线时采用。放小球就是将球轻轻地击到对方网前，以调动对手、争取主动的一种击球技术。成功的放小球，最好是球在网前

第四章 网球运动的基本技术

跳两次而不出发球区。由于放小球的球速很慢,球落地反弹小,几乎没有前冲力。如果对方提前判断出你要放小球,就达不到放小球的目的。所以,放小球的动作一定要有隐蔽性和突然性,这就要求放小球时多用手腕并带有切削动作。

一、放小球的技术要领

(一)握拍法

放小球的握拍和正反击球的握拍是一样的。即正手放小球用正手握拍法,反手放小球用反手下旋球握拍法,如果在中前场放小球,可采用大陆式握拍法。正反手放小球技术动作如图4-35、图4-36所示。

图4-35 正手放小球技术动作

图4-36 反手放小球技术动作

(二)准备姿势

两脚开立比肩宽,上身正对球网,膝关节保持稍稍弯曲,身体重心落在双脚前

脚掌上,双手持拍在胸前,左手托住拍颈,右手握住拍柄,但一定要放松,拍头指向球网,注意观察并且预先判断对方来球。

(三)引拍

放小球的后摆引拍应保持与正反手底线击球动作一致,这样才有很强的隐蔽性和迷惑性。

(四)击球

击球前可迅速调整握拍方式,正反手均可放小球。击球时侧对球网,目视来球,拍面稍向后仰,球拍从后上方向前下方挥动,击球的下部,手臂有一个"舀水"的动作,将球击过网,击球点在身体的前方。

(五)随挥

放小球的随挥动作应向击球的落点方向跟送,动作自然、连贯、柔缓。随挥动作的流畅性对击球的准确性和稳定性有密切的关系,不要因为球要打得浅,就不敢前挥。动作结束时,应面对球网,迅速还原准备下一个击球动作。

二、放小球的技术要点

(1) 眼睛始终盯住来球,动作要柔缓。

(2) 放小球的动作一定要隐蔽。

(3) 放小球最好能让球在发球区内弹两次或两次以上。

(4) 对方的回球较快,对你回球构成威胁时不要放小球。

(5) 在中场可以以高压或是以其他方式轻易打死对方的球时,不要放小球。

(6) 除非形势极佳,否则不要在关键分的时候放小球。

(7) 犹豫不决的球,最好不要放小球。

(8) 放小球越贴近球网,效果越好,但在放小球时不要过于追求完美,从而造成不必要的失误。

三、放小球的练习方法

(1) 距离墙 2～3 米,分别用正反手削球,送球上墙,等球落地一次后再轻削球,送球上墙。反复练习。

(2) 对墙抽击球一次,再对墙放小球一次,这样交替练习。

(3) 教练在底线多球喂送,学员在网前放小球练习。

(4) 教练在底线多球喂送,学员在中场放小球练习。

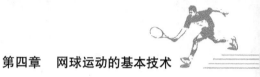

(5) 两人一组，底线正反手抽击球练习，练习过程中突然放小球。

四、常见错误及纠正方法

(1) 常见错误：放小球的时机掌握不对。

纠正方法：放小球的技术熟练后，可喂送综合性质的球，由学员判断，合理选择。

(2) 常见错误：隐蔽性差，缺少突袭性。

纠正方法：准备姿势一定要和抽球动作保持一致，强调只是在触球的一刹那拍面打开，做"舀水"动作。

(3) 常见错误：过分追求贴网，造成失误。

纠正方法：球过网高度控制在网上30厘米左右。有充分的"舀水"动作。

(4) 常见错误：球放得过高、路线过长。

纠正方法：触球时多用腕力，球拍沿球的下方滑出成托盘状，就像在用瓢舀水的样子。

第十节　反弹球技术

反弹球是中场击球技术中的一种，是在球落地后刚刚弹起的瞬间进行击球的一项技术。打反弹球需要很高的技巧和很强的时间意识，击球姿势很低、难度大，因此常用来打过渡球。

打反弹球时，应该把注意力集中在击球的时机上，要专心盯住来球，当球落地刚要弹起的瞬间，用小臂带动手腕动作把球借力推挡过网。切记，球拍的后摆要小，前挥动作根据击球的目的可长可小。打反弹球的难点是正确判断球的落点和反弹角度。

一、正手反弹球的技术要领

(一) 准备姿势

两脚开立比肩宽，上身正对球网，膝关节保持明显的弯曲，身体重心落在双脚前脚掌上。双手持拍在胸前，左手托住拍颈，右手握住拍柄，但一定要放松，拍头指向球网，注意观察并且预先判断对方来球。

(二) 引拍

使用正手握拍法，移动到位后，上身转体，保持侧对球网，拍头稍稍向后引，右腿弯曲（膝关节几乎接触地面），左腿大步向击球方向跨出，眼睛紧盯来球。

（三）击球

下肢蹬地，身体重心移至前面的腿上，同时降低身体重心。球拍放低，并平行于地面，挥向击球点。击球点在球刚弹起的左脚的前方，拍面垂直于地面。

（四）随挥

向前、向上的随挥动作比较小，从很低的姿势变为截击球。正手反弹球技术动作如图4-37所示。

图4-37 正手反弹球技术动作

二、反手反弹球的技术要领

（一）准备姿势

两脚开立比肩宽，上身正对球网，膝关节保持明显的弯曲，身体重心落在双脚前脚掌上，双手持拍在胸前，左手托住拍颈，右手握住拍柄，但一定要放松，拍头指向球网，注意观察并且预先判断对方来球。

（二）引拍

使用反手握拍法，移动到位后，上体转体，保持侧对球网，左手托住拍颈，稍稍向后、向下引拍，左腿弯曲（膝关节几乎接触地面），右腿大步向击球方向跨出，眼睛紧盯来球。

（三）击球

下肢蹬地，身体重心移至前面的腿上，同时降低身体的重心。球拍放低，并且与地面平行，慢慢地挥向击球点；在快到击球点前，左手离开球拍，并向后做较小的反向运动。上体仍保持侧身。击球点在右脚的高度范围内，并且尽量靠前。拍面垂直于地面。

（四）随挥

向前、向上的随挥动作比较小，从很低的姿势变为截击球的准备姿势。反手反弹球技术动作如图4-38所示。

图4-38　反手反弹球技术动作

三、反弹球的技术要点

（1）降低身体重心，击球时拍头由低向高提起。
（2）眼睛紧盯来球，做到击球准确。
（3）反弹球击球时，球拍前送过程中动作要连贯，不能有停顿。
（4）根据对方的站位，力争反弹球的落点尽量平而深，且在空当处。

四、反弹球的练习方法

（1）原地对墙自抛反弹球练习。
（2）距离墙9米左右，把球打向稍高的位置，等球落地反弹，第二次弹起时进行反弹球练习。
（3）距离墙5米左右，对墙打一次位置稍高的球，再打一次刚落地的反弹球上墙。反复练习。
（4）教练在网前喂多球，把球送到学员脚下，学员在底线附近进行反弹球练习。要求击球过网。
（5）学员两人一组，一人底线一人网前，两人进行截击球和反弹球的连续练习，尽量争取多回合的练习。

（6）实战演练，由后场、前场或左右移动中击反弹球练习。

五、常见错误及纠正方法

（1）常见错误：击球时机掌握不准，漏击或是不能用"甜点"击球。

纠正方法：多进行多球练习，提高预判能力，提高击球的时间感和距离感。

（2）常见错误：拉拍幅度过大，造成击球不及时或是击球点偏后。

纠正方法：控制引拍幅度，可在身后放一固定物，限制引拍幅度。

（3）常见错误：拍头下垂去"捞球"或是拍面太开去"铲球"造成击球失误。

纠正方法：击球时降低身体重心，且保持重心不能起伏过大；击球时拍面保持几乎与地面垂直。

（4）常见错误：击球时手腕不够紧张，造成击球无力下网。

纠正方法：练习击球时手腕绷紧，加大推送球的随挥动作。

思考题

1. 网球的握拍方法有哪几种？各自的要领是什么？
2. 正手底线击球动作技术环节及其要点是什么？
3. 双手反手底线击球动作技术环节及其要点是什么？
4. 发球的技术主要有哪几种？不同点是什么？
5. 简述各种截击球的技术要点。
6. 高压球的种类及其动作技术要点是什么？
7. 进攻型挑高球的动作技术要点是什么？
8. 简述放小球的时机把握及其基本技术。

第五章　网球运动的战术

> 【内容提要】本章阐述了网球运动的基本战术。包括战术的定义、战术的基本构成、战术的分类及影响因素、单打和双打的一般战术。

第一节　网球运动战术的定义及基本构成

一、战术的定义

从广义上理解，战术是进行战斗的原则和方法，具体到体育运动中，战术是指技术、意志、智能和体能素质在比赛中有针对性地综合运用；从狭义上讲，战术是指在比赛中运动员根据对方的打法、类型及技术特点而采用的各种技术手段与方法。

在比赛中，运动员根据具体情况，有目的地把自己所掌握的各种技术有意识地组合起来，充分发挥自己的技术风格特点，有效地制约对方的长处，抓住对方的弱点，为战胜对手所采用的各种合理而有效的手段和方法，从而形成了战术。战术是以基本技术和实力为基础的，只有掌握的技术全面、实效并有质量，才能更好地完成比赛并取得良好的比赛成绩。在网球比赛中，进攻与防守、主动与被动、进攻与反击等各种战术经常交替出现并相互转换。因此，平时的技术训练要在一定的战术要求下进行，要带着战术意识和比赛意识练技术，这样才能达到技术训练与战术运用相结合的目的，以适应比赛的需要。基本技术与战术既有明显的区别，又有密切的联系，两者相互依存又相互促进，它们是辩证统一的。技术的发展提高必然产生新的战术，而战术的全面发展又将促进技术水平的进一步提高。

从战略战术的定义来看，战术包含于战略之中，它们是全局与局部的关系。在网球比赛中，如戴维斯杯、联合会杯、全运会的团体比赛，参赛队员的确定、出场人选的排兵布阵等，都属于战略研究的范畴。单项比赛中，运动员之间为了夺取胜利所采用的各种手段和措施，均属于战术研究的范畴。

二、战术的基本构成

(一) 战术观念

战术观念,是指运动员对战术的概念、战术的形成和内容、战术的原理和规律进行认识和思考后形成的观念。认识程度高,则战术观念强。战术观念的强弱,对于运动员在比赛中战术能力的表现有重要影响。

战术观念的形成与运动员具有的知识结构、竞赛经验、认识特点和思维方式有密切的联系,从某种意义上讲,它带有个人的主观成分,并随着个人认识的变化而发生改变。当一个人形成某种战术观时,就会在战术思考、战术训练、战术计划、战术决策以及战术行为等一系列与战术有关的活动中表现出这种战术观对他的影响和约束。在人对战术的整体认识尚未发生根本改变的时候,很难摆脱原有观念对他的活动所产生的影响和约束。例如,网球团体赛的排阵,本方的主力一般都在第一场出战,以保证本方能有机会取得第一场的胜利,使全队的士气得到鼓舞,有利于以后的比赛;如果将主力放在第二场比赛,队员会因压力太大而导致发挥失常,影响比赛的结果。在双方势均力敌的情况下,教练员一般不会将主力放在第二场。在长期的竞赛实践中,教练员对排兵布阵的战术观念已形成,要改变它是较难的。所以,战术观念一经形成,它会影响人的思维活动、观点和使用方法。在竞技比赛中,战术运用的结果都具有双重性,既可能成功,也可能失败。没有正确的战术观念,就会在战术思考和战术安排上出现偏颇,从而导致比赛的失利。

(二) 战术指导思想

战术指导思想,是指根据比赛具体情况而提出的战术运用的活动准则。

网球战术指导思想是随着网球技术的不断发展与革新、新的打法的形成而逐步发展变化的。我国网球的战术指导思想是快速多变、主动进攻、技术全面、特长突出、提高快速对抗中的相持能力,可概括为"快、狠、准、全"。

快速多变是对技术、战术提出的共同要求。体现在技术方面,如移动快、击球速度快等;体现在战术方面,如抢网出击快、配合变化快等。只有快才能对对方形成威胁,也是进攻的具体手段和体现。"变"是为了防止对手适应本方技术、战术所采用的有效手段,"快"只有和"变"相结合,才能增加技术、战术的威力。主动进攻是得分的重要手段,主动是进攻的先决条件,主动不仅体现在思想上、意识上,更重要的是体现在战术行动上,进攻手段要根据自己的特点,用自己的特长攻击对方的短处。所以,网球战术指导思想也可以说是"以我为主、快速多变、主动进攻"。

（三）战术意识

战术意识，是指运动员在比赛中为达到特定战术目的而决定自己战术行为的思维活动过程。它包含两个方面的内容：一是运动员在比赛中对自己所采取的战术方法有充分的认识和理解；二是在复杂多变的比赛环境中，及时观察各种情况，适应环境、随机应变，迅速判断并正确决定自己的战术行为。运动员在比赛中能否取得优异成绩，战术能力起着决定性的作用。而战术意识支配战术行为，战术行为的效果又决定战术意识的强弱。通常情况下，战术意识强的运动员，战术行为所获得的战术效果较为理想。也有个别战术意识很强但战术行为效果不够理想的，这是由于战术质量较差造成的。因此，战术意识只能支配运动员在不同的情况下采用不同的战术，但不能确保比赛获胜。运动员只有全面提高战术能力，才能具备取得比赛胜利的实力。

在对运动员进行战术意识的培养过程中，教练员必须深刻认识和理解战术意识的真正含义，从而有的放矢地培养战术意识。

首先，应让运动员清楚自己采取的行为目的是什么，要解决什么问题，同时对自己所采取的行为可能产生的后果有所预测。通常，我们说一名运动员缺乏战术意识，实际上是指其行为过程缺乏行为目的，不清楚当前的战术行为任务，对行为的后果也不明确。因此，战术意识的培养应从行为目的与战术行为的关系上着手，即让运动员明白要达到某种目的就必须采取相应的战术行为。

其次，战术行为的有意识性表现在运动员对比赛环境的能动反应上。例如，运动员在比赛中意识到对方正手位的抽球对自己威胁很大时，就会迅速改变自己回球的落点，压住对方反手位。因为运动员清楚地意识到，一旦回球至对方正手位，就会对自己产生威胁。由此可见，运动员对某种形势所产生的后果有所预测，才有可能设法采取某种战术行为，使形势朝着有利于自己的方向发展。因此，对运动员战术意识的培养，还应包括其对战术情景的识别能力和预测能力。

再次，战术意识的强与弱也表现在运动经验与个体经验的积累上。教练员要随时随地向运动员传授战术意识的经验，并且要求运动员学会总结战术经验。要想成为优秀教练员和运动员，总结经验是必须具备的基本素质。

最后，从培养战术意识的途径看，要有目的、有意识、长期系统地对运动员进行网球专项意识和战术意识的理论知识传授。同时，让运动员清楚地认识到影响竞技能力的两大因素是运动员的心理素质和战术能力。而战术能力是由战术意识、战术理论和战术行为组成，了解它们之间的辩证关系，能增强教练员、运动员对战术意识重要性的理解。把战术意识的培养贯穿于网球训练的全过程，根据运动员不同训练阶段的特点，确定任务、制订计划、安排内容，在整个训练过程中要体现战术

意识培养的内容,坚持理论与实践相结合、训练与比赛相结合,使运动员的战术意识与战术行为同步增长。

要加强运动员在比赛中观察分析场上情况及随机应变的能力。运动员首先要对临场情况进行观察,然后进行分析,根据长期形成的技术概念模式和积累的经验进行判断,最终采取适当有效的措施。因此,观察、判断和应变是战术意识形成的三个基本环节。加强战术意识的培养,应首先培养运动员的观察能力,要做到看全、看准、看出问题的实质。其次是能及时、准确地判断对手的战术意图和战术变化,以确保战术意识的质量。这是一个重要环节,是战术意识的核心部分。最后需要培养在战术运用过程中及时调整战术手段的应变能力。

把战术意识的培养贯穿于网球技术训练之中,将技术训练和战术训练相结合,带着战术意识训练,是提高战术意识、战术能力的重要途径。在网球训练过程中,教练员的战术意识非常重要。教练员的战术意识强,能把战术意识贯穿于训练内容、训练方法以及训练手段之中,并将之科学合理地运用,持之以恒,才能保证高质量的训练效果;相反,教练员战术意识差,运动员的训练效果就会事倍功半。因此,教练员只有不断提高自己的理论水平和战术意识水平,才能将战术意识的培养贯穿于技术训练之中。技术训练要战术化,不能单纯地练技术,在技术练习过程中要让运动员懂得技术的实用性、实效性以及技术与技术间的衔接等,以便运动员在不同情况下,能熟练地运用各项技术,从而提高战术意识和战术能力。

总结每一次比赛的战术意识表现,及时调整并制定改进措施,是提高战术意识的重要方法。采用个人、两人或多人的形式对比赛战例进行研讨,尤其是个人小结,它不限于赛中赛后,每局赛完后都可进行战术小结。及时总结是提高战术意识的极佳方法。

(四) 战术知识

战术知识主要有两种,一种是经验性知识,一种是理论性知识。经验性知识主要是运动员在长期比赛实践过程中逐步认识和积累起来的。由于运动员存在认识过程和掌握技能等方面的个体差异,导致所掌握的经验性知识有所不同。例如,运动员的打法类型不同,一个上网型,一个底线型,两种打法的运动员对发球后结合进攻的战术理解是不同的,他们可采取的进攻手段也不一样。所以,经验性的战术知识往往带有局限性和个体差异性。理论性知识是以一种抽象化形式来表现的,通常是在无数个体经验性知识的基础上,抽取它们之中的共同要素和成分而形成的,因而它反映了客观事物发展和运动的一般性规律,具有普遍意义。在实际的网球运动中,两种知识都是十分重要的。

在实践过程中,战术知识又可分为一般性战术知识和专项性战术知识。一般性

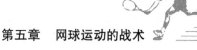

第五章　网球运动的战术

战术知识，是指带有普遍意义的战术规律、战术原理、战术方法和谋略思考原则，以及战术功能、战术结构体系等方面的知识；专项性知识则是专项特征的战术方法、战术形式、战术运用的条件，以及战术行为效果等知识。两种知识相互依存，缺一不可。我们应该看到，现有的战术知识都是由过去逐步积累和深化而来的。运动员可获取的一切知识，都是在继承历史的基础上，通过自身学习和实践而丰富起来。当运动员拥有一定的战术知识后（经验性的和理论性的），会根据自己所具有的战术知识对战术活动做出判断。所以，战术知识对于教练员和运动员都具有十分重要的意义。

（五）战术行为与形成

1. 战术行为

战术行为，是指为达到某个战术目的而采用的具有战术意义的动作系列或动作组合。即战术是通过战术行为来表现的，战术行为是运动员的战术概念、思想、知识和意识的具体表现，是完成战术任务的具体方式。为了解决某个战术问题，完成某个战术任务，就必须付诸行为，而这个行为必须有利于解决问题和完成任务。

2. 战术形成

首先，从本质上讲，网球运动战术形成的过程，是对运动员的战术行为进行培养和塑造的过程，通过这一过程，他们能够在思想上对战术活动有所认识，在意识上能够客观、全面地反映战术活动，在行动上能够掌握和运用一整套行之有效的方式方法，在整个战术形成过程中对他们进行全面的培养。同时，还必须让运动员懂得，运动中的战术行为完全是在一定的思想指导下、在战术意识的支配下所表现出来的外在行为。这说明战术形成与各方面的训练、培养是相互联系，不可分割的。

其次，我们应该认识到运动技术是形成战术行为不可缺少的部分。通常认为，运动技术是人在运动中相对合理而有效地完成动作的方法。从这个意义上讲，我们可以把网球战术看成是根据战术行为目的、任务将若干技术动作组成一个具有针对性的动作系列。在这里，技术起着将各种动作联系在一起的作用。可以这样说，战术中必然包含着技术成分。从实践中可以看出，运动员技术掌握和运用的熟练程度，直接影响到战术行动的实施及战术的成功与否。试想，如果一个运动员技术掌握不好，只能把注意力集中在如何完成某个技术动作上，就不可能放宽视野和思维去观察、分析、判断场上的情况，以及思考下一步行动。战术行为的体现要以娴熟的运动技术为基础。提高运动员的技术熟练性和运用技术的能力，是战术形成的必要前提。因此，在战术形成过程中，要充分认识战术与技术的关系，只有技术掌握得全面、熟练，在比赛中取得好的效果，才能保证战术的应对变化，以适应现代网球比赛中复杂环境的需求，使运动员在比赛中得心应手，取得比赛的最终胜利。

第二节 战术的分类及影响因素

一、战术的分类

(一) 按项目分类

1. 单打战术

单打战术包括发球上网战术、接发球战术和底线战术等，它是运动员在一对一比赛时，为了夺取胜利，在规则允许的条件下所采用的各种方法和手段。

2. 双打战术

单打战术是双打战术的基础，在单打战术的基础上，双打战术注重两人技术的组合和心理的默契配合。

(二) 按战术攻防性质分类

1. 进攻型战术

进攻型战术，是指以得分为目的的行为方法，它具有抢先、争主动的含义。在网球比赛中运用进攻型战术尤为多见。

2. 防守型战术

防守型战术，是指在被对手进攻的情况下，通过个人行为或两人（双打）协作，阻止对手得分的战术行为。从本质上讲，防守型战术并不是完全处于被动状态的战术行为，比赛中有些阻止对方进攻的手段，同时也可能得分。因此，不能把防守型战术看作一种被动战术。通常情况下，防守型战术不仅有限制对手发挥特长的作用，而且也是争取有利条件和寻找机会打击对手弱点的过程。在网球实际运用中，底线型打法的运动员运用防守型战术要多一些。

(三) 按技术使用的顺序分类

按技术使用的顺序，网球战术可分为发球战术、接发球战术及相持阶段的战术。

1. 发球战术

发球是得分的开始。发球的战术意识首先是发球直接得分；其次是迫使对方接发球时不能抢攻，回球质量差，不具备杀伤力，从而给自己赢得抢先上手、主动进攻的机会。现代网球比赛中，发球已成为最直接、简便和有效的得分武器。所以，发球战术的运用在比赛中至关重要。运用发球战术应注意以下几个方面。

第五章 网球运动的战术

（1）发球不受对方的影响，可通过力量、速度和准确性达到得分的目的。应根据发球速度、力量及落点来预判对手有可能采取的接球方式、位置以及自己应该采用的抢攻手段。

（2）提高发球质量，将速度和落点变化结合起来，为抢攻创造更多的机会。

（3）加强第三拍的抢攻意识，抢攻要大胆果断，不论对方怎样回球都尽可能上手进攻。

2. 接发球战术

接发球战术是与发球抢攻战术相抗衡的一项战术，其目的是破坏对方的发球抢攻。接发球战术对整个战局能否获得主动权起着主要作用。在比赛中，如果接发球处理不好，第一环节就会陷入被动。因此，接发球的战术意识首先必须建立在积极主动的基础上，争取抢先进攻得分；在不能抢先进攻的情况下，力争控制对方，使其发球的目的落空，形成相持局面后再寻找机会主动进攻得分。运用接发球战术应注意以下几点。

（1）接发球要贯彻"以我为主，快速多变，主动进攻"的战术指导思想，要有积极主动、抢先上手的意识，而且要果断坚决。

（2）必须具备各种接发球的技术能力，如抽、削、挡等，并根据场上的实际情况灵活运用。

（3）要灵活多变，采用多种回接方法，使对手难以适应。接发球后要迅速还原，迎击对手第二拍的进攻。

3. 相持阶段的战术

相持阶段的战术，是指前4拍之后可采取的各种进攻控制手段和方法。熟悉各种打法类型的网球运动员，一般主要依靠自身的技术特长，以快速多变的特点调动、压制对方，最终达到攻击的目的，发挥优势，从而取得比赛的胜利。因此，相持阶段一定要以顽强的战斗意志，快速捕捉战机，在攻、防的转换中争得主动，运用特长技术进攻得分。运用相持阶段战术应注意如下几点。

（1）必须具备良好的技术素质，有扎实的基本功，才能在相持阶段中争得主动。

（2）善于运用与自己的打法类型及特长相结合的战术，从而充分发挥相持阶段战术运用的效果。

（3）适应能力和应变能力要强。比赛中，攻与防、主动与被动情况千变万化，因此必须具有敏锐的观察能力和判断能力，才能更好地运用相持阶段的战术。

二、战术的影响因素

战术是一种方法，是运动员在比赛中为达到获胜目的而采用的具体措施。战术

水平的高低，是通过运动员的技术水平、身体机能及心理素质等多方面的因素综合表现出来的。从网球运动技术的发展和战术运用的经验看，影响网球战术发挥的因素有以下三个方面。

（一）军事学与谋略学因素

谋略，是指对抗双方为了赢得胜利，调动自己最大的智慧，寻求制胜的计谋和策略。在现代网球比赛中，势均力敌的情况经常出现。两兵相遇勇者胜，两者均勇谁胜呢？两强相遇智者胜。斗智在技术、战术实力相当的比赛中就显得尤为重要。战术指挥和运用的优劣，"智"的较量是重要因素之一。在赛前全面地分析对手，从中找出有针对性的进攻战术对策，才有可能达到克敌制胜的目的。参加一项重大比赛前，教练员就必须充分了解所有参赛队的技术和战术水平、战术特点，然后根据本队的技术、战术水平，从参赛队员的选派、出场队员的排阵、临场指挥的应变以及各种相应的战术手段方面做周密细致的思考和安排，以确保在比赛中能争得主动，夺取比赛的胜利。

在双方技术实力相当的情况下，谁的战术运用合理，谁就会取得好的效果。制定战略战术和临场运用战术实际是一个战术谋略的思维过程，在这个过程中，主要是把握对方的特点，正确分析自己的实力，充分利用自己的长处来限制对方。这就存在相互制约的问题，谁能在这种相互制约中发挥出最好的水平，谁就能最终战胜对方。但是，重谋略绝不能轻实力，它必须以坚强的实力作基础，只有在实力的基础上才能得以充分地施展谋略。

（二）心理与思维科学因素

比赛中，运动员成绩的好坏是由竞技能力的高低决定的。有两大因素影响竞技能力的发挥：一是心理素质，二是战术能力。运动员的心理素质是实施战术的重要保证。在实战比赛中，运动员的表现通常有两种类型，即"比赛型"和"训练型"。"训练型"运动员的特点是心理素质较差，尤其是在重要比赛的关键场次，更无法充分发挥自己平时训练的技术、战术水平，使战术计划在比赛中无法实施。"比赛型"运动员的最大特点是心理素质较好，在比赛中，尤其是在重大比赛中能较好地发挥自己平时训练的技术、战术水平，甚至在关键场次能超水平发挥。因此，提高运动员的心理素质是提高战术质量的保证。

运动员在比赛中的智力水平是实施战术的重要条件。比赛中，战术质量和战术变化取决于运动员的智力水平。因为，在现代网球的竞技运动中，运动员不可能机械地套用单一的战术方法，而是通过临场观察，分析对手的技术特点和战术水平，快速做出反应，有针对性地使用有效的战术方法。这就对运动员的思维能

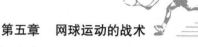

力和分析能力提出了更高的要求。实践证明，运动员智力水平的高低，决定了战术应用及战术变化的效果。所以，提高运动员的智力水平，是提高战术质量的重要条件。

（三）技能与体能因素

技能是网球运动员掌握各种基本技术的能力，是战术实施的可靠保证，技能的高低，直接影响战术质量的优劣。可以设想，如果一个上网型选手连截击球技术都不能很好地掌握，在比赛中就根本无法实施发球上网战术，更不能达到战术效果。因此，技术能力的优劣直接影响到战术行为的实施和战术质量，对比赛结果起到重要的作用。

网球比赛对运动员体能的要求非常高。由于比赛时间长，每一拍球都必须尽全力争取主动，稍有松懈就会陷入被动，回球质量降低，影响战术效果。因此，体能对于运动员各种技术的运用和战术质量的保证起着至关重要的作用。

第三节　网球单打战术

一、发球战术

网球运动中最有攻击性的技术，或者说战术，就是发球。发球是比赛的开始，也是组织战术的起点。下面就根据发球的不同性质来介绍一下发球战术。

（一）各种发球战术

1. 发平击球

（1）动作要领。抛球的位置和击球点都在右肩的右前上方，双腿用力蹬地，让身体充分伸展，腰腹先发力来带动整个手臂，使手臂产生"鞭打"动作，最后用手腕的力量在最高点用扣压的动作将球击出。为了能达到平击的效果，手臂挥动时一定要有内旋的动作。

（2）平分区发球（右半区）。站在中心线附近，发球的目标是右区内中线附近。从这个位置上发球，球的飞行距离最短，可以从球网最低处通过，可以保证较高的发球成功率；且球过网后飞向对方的反手方向，给对方接发球带来麻烦。

（3）占先区发球（左半区）。位于中线附近，发球的目标是左发球区内中线附近。和平分区一样，发出的球可以从球网最低处通过。此时，球虽然发到对方的正手，但是从中心线方向接回的球很难打出角度。发这种球方式有利于自己防守。

2. 发切削球

(1) 动作要领。球抛的位置及击球点比平击球都稍偏右一点，击球时像是从球的右侧向左沿水平轴横切球一样，使之产生旋转。

(2) 平分区发球（右半区）。位于中心线向右步的位置上，发球的目标是边线的内侧场地内。这样的球落地弹起后飞向场外，把对手调离场地去接发球，使场地内存在大的空当，给自己创造进攻机会。

(3) 占先区发球（左半区）。同样是站在中线的位置，向发球区边线内侧的场地内发球。球弹起后向左飞，给对方接发球造成困难。

3. 发上旋球

(1) 动作要领。抛球在头顶正中的位置，从后下方向前上方刷球，使球产生明显的上旋。

(2) 平分区发球（右半区）。站在中心线附近，球发向对方发球区的内角，上旋发，球落地后弹跳比较高，对于接发球的人来说，在反手位接超过肩部的球，难度相当大。回球质量不高，给发球方创造了进攻机会。

(3) 占先区发球（左半区）。站在从中心线向边线跨一步的位置上，发球目标是对方发球区的外角。球弹起后直逼对手的外侧，而且发球有角度，可迫使对方追出场外去接球。

（二）发球战术应遵循的基本原则

1. 攻击对手的反手侧

球员一般都存在反手球技术较差、容易出现失误的弱点。如果将球发向对手的反手位，对手接回来的球一般攻击性较弱，就为自己下一拍进攻创造了条件。发球时，如果把球发向对手的正手侧，受到攻击的概率就会大大增加。

2. 发边角球

对方在接边角球时，必须向边线方向快速移动，且可能跑出场外，此时对方场区就会出现很大的空当，从而为自己进攻创造有利的条件。

3. 发深球

发深球会逼使对手移动到端线以外去接发球，因此接回的球不太可能有很强的攻击性。

4. 发"追身"球

接发球中，"追身"球是一种很难回击的球。因为球是直冲人的身体而来，回球时一时难以决定用正手接还是反手接，一时的犹豫就会出现失误。

5. 发旋转球

发旋转球是发球上网型选手惯用的手段。这种球落地反弹较高，常常超过人的

肩膀，给对方造成了很大的困难，使其很难回出攻击性很强的球，甚至造成接发球失误。

6. 变换发球的落点

比赛中，如果发球方式一成不变，当对手适应了你的发球风格后，就会提前侧身接发球抢攻，使自己陷于被动。如果经常改变发球的落点，甚至发球的类型，就可以打破对手接发球的节奏，从而取得比赛的主动权，甚至直接发球得分。

7. 变换发球的角度

纵观历代"球王"，其发球的球速都并非那个时期最快的，他们发球往往是以角度变换见长。变换发球角度常常能收到意想不到的效果。

8. 一发失误时，二发增加旋转

一发失误后，二发不应该是减力，而应该以同样的力量甚至更大的力量去增加球的旋转，提高二发的成功率。

二、接发球战术

接发球和发球一样重要，而接发球是破发的基石。现代网球比赛中，发球、接发球的得分总和占整场比赛总分的40%还要多。好的接发球可以在一定程度上遏制对手的进攻，打破对手发球战术的计划安排，从而减少自己的压力。要想接好发球必须做到以下几点：准确的预判、合理的步法、迅速到位以及正确的击球手法。下面就根据对方不同的发球类型，介绍接发球的有关技巧。

（一）各种类型发球的接法

1. 平击球的接法

（1）站位。如果判断对方是平击发球，一般应站在底线稍后1～2米、水平靠近单打边线约一步的位置上。这种站位无论对方的球发到反手还是正手，都可以从容应对。

（2）对策。当对方的球速很快时，引拍动作应该短小，及时地将拍面对准来球，借力将球顶回对方场地，甚至可以不必挥拍，只将拍面对准来球即可。这时很难考虑和做到把球回到哪个区域，只需注意争取把球打得越深越好。

2. 切削球的接法

（1）站位。切削球落地后，不仅有向前的冲力，而且带有强烈的右侧旋。因此，接这种发球，在平分区站位应尽量向边线靠近，在占先区可稍稍向中线靠近一些。

（2）对策。当对方切削球的侧旋很强烈时，应及早向前踏步迎击，抢在球的方向改变之前击球，并且尽可能打深的对角线球。这样可以赢得时间，即使这时自己

已经在场外接球，也会有时间回到底线中间，准备下一次击球。

3. 上旋球的接法

（1）站位。上旋球落地后明显地带有强烈的向上旋转，甚至球会弹到肩部的位置，给接发球带来困难。所以，在平分区接这种球时，可稍稍靠中间一些；在占先区时，可靠近边线站位。另外，如果自己接发球的技术较好，可以站在场内，打球的上升点接发球抢攻。

（2）对策。当对方的上旋球落地弹跳得又高又远时，回击这种球时应尽可能向前，在球弹起之前将球击回。如果错过了这个前点，也可以在球下落的时候击打。另外，上旋球可以用切削来对付，有时可以收到意想不到的效果。

（二）针对对手的打法而采取的接法

为了给自己创造得分机会，在接发球的时候，就应该根据对手的打法类型制定自己的战术，进而一步一步实现自己的目标。

1. 针对底线型打法的发球者的接发球战术

（1）平击球的接法。对于速度较快的平击球，可站在稍稍靠后的位置接发球，这样做比较安全。接球时，首先考虑的是将球回到对方底线附近较深的位置，而不是想再加力打出更快的大力球。沉着冷静地打深球应作为首选的回击方式。

（2）切削球的接法。对落地侧旋的发球，取位的方法是：在平分区时，站位应尽量向边线靠近；在占先区时，可稍稍向中线靠近一些。接拐向边线方向的切削侧旋球，最理想的回球路线是打向对方的对角线。因为自己接球时可能站在场地外，所以打对角线可以为自己回位争取时间。

（3）上旋球的接法。对于落地弹跳得又高又远的上旋球，如果不能及时在球弹起前回击过去，那么被对手攻击的可能性就较大。

接上旋球的对策是稍稍在底线靠前的位置上，注意在球弹起之前跨步上前击球。考虑到发球方不是网前打法，等球下落时击球也可以。但是，必须记住自己不能失误，且应首选把球打深。为了克制对方的上旋，可以采用下旋切球回击对方的发球，给对方的回球造成困难。

2. 针对上网型打法的发球者的接发球战术

（1）平击球的接法。利用对方的球速将球打到其脚下是接这种球的上策。这种回球会给自己创造很多有利的机会。如果沉着应付下一拍，很快就会得分。

（2）切削球的接法。接向边线拐弯的切削球，通常比预想的位置还要靠外。这时，为了能争取时间回位，回对角线是关键，如果能打出深的斜线球，就为打穿越球创造了条件。

（3）上旋球的接法。发上旋球的选手，发球上网的较多，因为球在空中飞行的

第五章 网球运动的战术

时间较长，发球者有充足的时间移动到网前。这时，为了压制对手上网，应该抢先击打球的上升点，并把球打向对手的脚下。

（三）接发球战术的基本原则

（1）首先要保证把球安全地击到对方的场地内，不要想一拍置对方于死地。
（2）力求将球回击到对方的弱侧。
（3）主动变换接发球的方式。
（4）根据自己的能力，尽可能改变接发球的速度和旋转。
（5）根据发球方的站位变换自己的接发球位置。
（6）如果发球方采用大力的平击发球，最好用挡球式接发球。球落地后主动向前迎击来球，而不是撞击。用一个正确的转髋和转肩动作向后引拍，动作要小。
（7）接力量小、速度慢的球，可以用快速击球或削球后上网进攻。
（8）接有角度的发球时要提前准备，朝球的飞行方向提前斜线移动，并回击斜线球。留在后场，及时回位。
（9）没有好的接发球机会时，力求将球打深，而不打网前球。
（10）接发球进攻时，采用上旋和平击球技术；接发球防守时，采用削球和挡球技术。
（11）接发球时，根据对方的抛球及其他习惯动作等，力求判断出发球方的发球意图和球的性质。
（12）接弹跳高的上旋球时，提前移动引拍，侧身正手攻或用削球接发球可能会有意想不到的效果。

三、底线战术

底线型打法，是指以底线正反手底线击球技术为基础的战术。它的指导思想必须是用速度、旋转、落点的变化来创造进攻机会。

（一）底线型打法的主要战术

底线型打法的主要战术有对攻、拉攻、侧身攻、紧逼和防守反击。

1. 对攻战术

底线型打法的对攻战术是利用底线正反拍抽击球所具有的强大的连续进攻能力，配合速度和落点变化与对方展开阵地战，力争首先调动对手，进而争取主动，达到攻击和控制对手的目的。

（1）以正反拍抽击球的速度、力量攻击对手的弱点，用速度压制对手。
（2）用正反拍强有力的抽击球，连续打向对方的弱点，压制对方。

（3）用正反拍的有力击球调动对方大角度跑动，从而寻找机会进攻得分。

（4）从底线两个角度调动对手，接着突然连续打重复落点，再寻找机会变线。

2. 拉攻战术

拉攻战术是底线型打法中比较普遍的一种战术。它是以底线正反手拉上旋球，或正手拉上旋球、反手切削球，迫使对方左右移动，自己寻找空当，给予对方致命一击的一种战术。

（1）正反手拉强力上旋至对方底线两边大角深处，不给对方上网及底线起拍反击的机会，寻找时机进行突击。

（2）正反手拉上旋球时，加拉正反手小斜线，使对方增加跑动距离并出现低质量的回球，然后伺机进攻。

（3）逼近对方反手深区，伺机突然正手。

3. 侧身攻战术

侧身攻战术是底线型打法的一项主要进攻手段。它利用强有力的正拍抽击球，配合良好的判断和步法移动，在 2/3 的场地上用正拍给予对方有力的攻击。

（1）连续用正拍进攻对手，创造得分机会。

（2）用正拍进攻，调动对方，反手控制落点，伺机用正手突击进攻。

（3）全场逼攻对手的反手位，压制住对手，再突击边线正拍。

（4）用正拍进行攻击时，连续打出重复落点。

4. 紧逼战术

紧逼战术是以其快节奏对对方进行攻击的一种重要手段，也是当今世界上优秀选手常用的一种进攻战术。

（1）从接发球时就紧逼向前进攻，给对手发球造成一定的心理压力。

（2）连续逼攻对手的反手位，突击正拍，伺机上网。

（3）紧逼对手底线两个角，使其被动或回球失误，并伺机上网。

5. 防守反击战术

防守反击战术在底线型打法中占有很重要的位置，在执行防守反击战术时，利用良好的底线控制球的能力，发挥判断准、反应快、步法灵、体力好、击球准的特点来调动对方，以达到在防守中寻找机会进行反击的目的。

（1）比赛中，当对手采用底线紧逼进攻战术时，可采用底线正反手上旋球至对方两个底脚深处，不给对手进攻的机会，然后伺机反攻。

（2）在对手采用发上旋球战术时，接发球可采用迎上借力击球，把球打到对方脚下或两边小角度，然后准备下一拍的反击得分。

（3）在对方运用随球上网战术时，这一拍应加快击球的节奏，首选对方空当；如果打空当有难度，应把球打向对手的身体，使对手击不出质量高的球，为下一拍创造机会，进而反击得分。

（二）针对不同类型选手的战术

1. 针对底线型选手的战术

面对和自己一样打法的选手，比赛过程中不要企图一拍将对方置于死地，应该考虑在相持过程中去寻找进攻的机会，并逐步扩大优势，最终得分。这就要先于对手找到突破口。并不是拍数越多越好，而是在尽可能少的拍数中获取这一分。"三球攻击法"就是个不错的选择。

所谓"三球攻击法"，是指底线型选手在比赛处于相持的过程中，用3次击球组成的战术，利用自己擅长的击球方式，使其组合在一起形成自己的攻击模式。比赛过程中要善于观察对手，使用哪种攻击模式，可根据具体情况灵活运用。"三球攻击法"有以下几种战术。

（1）重复落点战术。比赛相持过程中，当你把对方调动到一侧时，其场地的另一侧必然会出现空当。此时，对方击球完成后，会迅速跑回中点处，保护空当。这时，可以趁其向中心处返回时，打一个重复落点，把球打向对方的身后。应用这种战术的前提是，对方场地有明显的空当，而且自己又有很好的击球机会。

（2）N攻击战术。要不断地让对手从场地的一端跑向另一端追赶着击球，最终迫使对手击球失误。底线两点尽量打深，效果会更好。方法是将对方来球打向压底的直线球，对方返回一大对角线球时，再将来球打出一个压底的直线球。

（3）X攻击战术。仍然是让对手从场地的一端跑向另一端追赶着击球，但这次的回球不是直线，而是大角度的斜线。方法是，将对方的来球打向大对角，对方返回直线球，再把这个直线球向对角线打去。

（4）V攻击战术。调动对手在底线两端来回奔跑。即使对手仍能将球击回，也是处于向边线跑动中，下一个球将是自己的进攻机会。方法是，将对手的来球以直线打回，对方打回一个直线球，再把这个返回来的球打向对角空当。

2. 针对上网型选手的战术

针对上网型选手应遵循的原则：

（1）让对手截击。当对手冲到网前时，首先不要慌张，可以先让他打一拍，前提是在己方没有好的打穿越球的机会，且这一拍不要打出刚好适合于对手截击的球，避免让对手第一拍截击就得分。应有意识地打出一个让对手截击感到别扭的球，给对方一定的压力，从而在下一拍中寻找机会。

（2）给对手打截击制造困难，创造得分机会。当对手截击第一拍后，接下来可以朝对手的脚下、反手侧等薄弱环节攻击。这样，对手截击就会出现困难，不得不打低位截击或反弹球，于是很容易引发失误。如果对手截出浅而且高的球，这时可

以移动到位，打高压球，拿下这一分。

（3）当对手上网截击时，底线可以放过顶高球。当对手积极地使用上网截击的打法时，对付其有效的手段之一就是放过顶高球。由于过顶高球使对手上网有所顾忌，这样即使对手采用上网截击战术，也不会那么随心所欲。表面上看，放高球好像是防守技术，实际上运用得当也是一种不错的进攻手段。

（4）加快击球节奏，尝试穿越。当看到对手上网时，有意识地加快击球的节奏，不让对手在上网过程中有充足的时间选择截击的方式，使其第一截击质量下降，再寻找机会进行穿越。

（5）压制对手，使其不能从容上网。如果对手是上网型选手，应持续不断地打出很深的球，把对手死死地压制在底线，使其找不到上网截击的机会，对手就容易产生烦躁情绪，从而出现击球失误。即使对手强行上网，因为没有好的机会，也不可能打出高质量的截击球，这样自己就更容易打出穿越球。

（6）创造机会抢先上网。底线型选手虽然不擅长网前截击，可底线技术往往会优于对手，可以用底线技术把对手压制在底线，打出高质量的底线球，偶尔抢先于对手上网，出其不意地打上网截击，可能会收到意想不到的效果。

另外，穿越球是对付网前选手行之有效的方法，在单打比赛中，打穿越球是必不可少的技术和战术。现在，打越过对方头顶的高球也被称为一种有效的穿越球，这种球未必得分，但可以使对方陷入被动甚至产生失误。打穿越球的关键是不让对手轻易猜出自己的意图和球路。

（7）正手斜线穿越。切削上网一般封堵的路线是直线，这时正手打出大角度的斜线球，破网的概率很大。如果能打出小斜线下沉的球效果会更好。

（8）反手削高球。削高球是攻、守中均可以使用的技术。如果球削得又高又深，而且打向对手的反手侧，即使对方将球接回来，回球也不可能有很高的质量，那么就为自己下一拍打穿越球创造了机会。

（9）反手直线。打这种球一定要侧身充分，引拍动作隐蔽，切削和抽击得几乎一样，使对方猜不透你的意图和球路，这样才能收到应有的效果。

3. 针对平击球选手的战术

平击类型的击球，由于几乎没有旋转，球一般是擦网而过，直线飞行。落地之后反弹很低，快速向前冲。接这种球非常不容易。接这种球时一要把握好拍面，二要多带一些上旋。由于平击球球速较快，千万注意避免挥拍过迟，一般不要大幅度地挥拍。接平击球的具体对策如下：

（1）相持阶段，拖住对手。遇到平击打法的对手时，首先要能连续接起对方的球。由于平击球大多数是从网上大约30厘米处通过，且球速很快，所以稍有一点疏忽就会导致失误，因此关键是要比对手更有韧性。

第五章　网球运动的战术

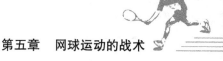

（2）打大角度的斜线球是一种有效的攻击手段。如果对手是平击型选手，回平击球时一般回对角线比较好；如果能迫使对手到场外去追球，则可以引发对方的失误或为自己创造进攻的机会。

4. 针对削球型选手的战术

对手来球是削球时，一般情况下，以削球对付较为稳妥。因为在很低处击球，想打出有威力的上旋球较困难。对付削球要求以较低的身体姿势和具备较强的韧劲。削球多数是在两种情况下使用：一是身体姿势被破坏，为了使姿势恢复平衡打过渡球时；二是在处理前场低浅球时使用。对策是攻击对手的反手。

对方如为削球型选手时，由于削球比平时击球的速度慢，因此无论将球回到哪个区域，对方一般都有足够的时间应付。对付削球的原则就是将球打向大多数人都感到棘手的反手侧位，然后寻找机会，坚决以正手抽球进行进攻，争取主动，直至得分。

5. 针对上旋球类型选手的战术

上旋球的飞行路线是弧形的，一般情况下很少下网，也很少出界，是一种准确性较高的击球，且可以用调节挥臂、增加或减少球的旋转度的方法打出不同线路、不同旋转度的上旋球，使球落地后弹得又高又远。故上旋球可以称得上是最有效的一种击球手段，被专业选手和广大网球爱好者广泛采用。然而，上旋球也并非无懈可击，对策如下：

（1）调动对手，寻找突破。上旋球类型的选手，为了加大球的旋转度，必须有充分的挥拍动作，使用全身的力量击球。如果能把他调动起来，使其在跑动中击球，迫使其不能完全到位，那么他就打不出有威胁的攻击球。只要能让对手左右不停地奔跑，就迟早会找到突破口。

（2）迫使其改变打法。一般来说，大多数旋转型打法的选手，因其握拍方式的关系而不擅长截击球。因此，如果碰到此类选手，可以尝试打近网低球，把对手调动到网前，让他打不出擅长的上旋。抑制住对手的强项，就等于自己占了上风。

（3）迎前上网。在底线相持的过程中，当对手掌握着主动权而频频向自己反手一侧攻击时，当对手得分领先而自己处于被动的状况时，当对手的来球轨迹稍高时，都应该果断地迎上去截击这个球，然后尽快争取主动。只有善于抓住网前机会，才有可能夺回主动权。

四、网前战术

比赛过程中，在必要的时候要主动上网击球，采取上网打法。

（一）网前截击战术理论

网前战术中的截击球，其基本站位应该是在对手可能回球的范围之内的正中间。首先根据自己的进攻路线和球的深度来预测对手回球的可能范围，然后朝着这个范围的正中央移动取位。为了能做到正确取位，最重要的是确认自己所击出的球应落在对方场中的位置，接着是看清楚对手的跑动位置和击球姿势，并由此来预测对方回球的方向，从而决定自己的取位。

1. 截击前的一拍球，攻击性明确

截击前的那一拍球是否具有一定的攻击性，是否攻击对手的弱点，能否破坏对方身体的平衡，是截击能否成功的关键。

如果这一拍能按自己的战术意图实施攻击，那么就会对对手的回球有个正确的预判，移动上网就有了方向性。比如，上网前这一拍打向对手的反手侧，或者把球打深，使对手打不出高质量的回球，就为下一拍的截击打下了成功的基础。

2. 迅速贴近球网，缩小防守范围

一般情况下，如果上网及时快速，那么对手回球的范围可能会变窄；相反，底线相持时，对方回球的范围对自己防守范围来说可能就会变宽。即，截击时越靠近球网，对对手的压迫就会越大。所以，网前战术强调要尽可能地靠近球网，一是因为截击时封网的角度小，使截击的攻击性增强且成功率高；二是加快了比赛的节奏，不给对方喘息的机会，造成其失误。

3. 截击取位时应靠近有球的一侧

随球上网应是朝着自己击球的方向跑进，然后在对方可能回球范围的正中间做一个垫步。两脚分开，身体重心落在两脚之间，成准备姿势（拍子尽量前伸），随时准备出拍截击。如果对手向一边移动，自己也一定要相应地随着变化，向对手的方向移动。也就是说，要根据场上的具体情况、对手的打法和习惯等，在预判的基础上伺机再做调整。

（二）发球上网战术

1. 战术安排

发球上网是上网型选手利用发球的力量、旋转、角度进行主动进攻，先发制人，然后上网抢攻的一项主要战术，是上网型选手的主要得分手段。通过发球给对手把对手调动起来，在对手回球质量不高的情况下，积极上网进行截击。因此，要想使发球、截击成功得分，首先要控制好发球。具体战术安排如下：

（1）右区发球用第一发球，平击或强力的上旋，目标是对方右区的内角；然后上网，冲至发球线中线，判断来球，截击至对方底线正反手深区，再随中场截击靠近球网，准备近网截击得分。

（2）右区发球用第一发球的力量，发切削的侧旋球，目标是对方发球区右区外角，然后上网，冲至发球中线偏左，主要封住对手的正手直线球，将球截至对方反手空当区域。

（3）左区发球用第一发球力量发上旋球，目标是对方发球区左区外角，然后上网，接着冲至发球线偏右，主要封对方反手直线球，将球截至对方正手区域。

（4）左区采用平击发球或切削的侧旋发球，把球发在对方的左区内角中场处，判断来球，截击至对方正反手底线深区，然后再随球跟进，准备近网截击拿下这一分。

2. 发球上网战术应注意的事项

（1）重心要主动上升，且击球点要稍靠前，这样便于重心前移和迅速上网。

（2）上网的时机。当发强力上旋和外角侧旋球时都是上网的好时机。

（3）上网的位置。网前的合理取位对截击是否成功起到举足轻重的作用。位置选择恰当，可形成压顶之势，否则会使自己陷于被动。网前位置的选择，应根据个人掌握网前球技术的情况，对手可能回球的范围以及回球的角度、深度等因素来确定，一般情况下，在网前2～3米的距离为宜，并且要边上网边判断对手的回球，在对手挥拍击球的瞬间有一个急停，做"跨垫步"并迅速再次启动向前并占据有利位置。

（4）第一发球命中率要高，达到70%以上，这样才能发挥出球的威力，为上网创造条件。

（5）第一发球的落点、旋转要有变化，以便破坏对方接发球的节奏。

（6）中场第一截击的质量要高，并要有一定的深度。

（三）接发球上网

接发球上网必须确立积极主动的思想，争取抢先进入场内。接发球上网型打法应积极利用快速多变的各种手段来接发球，尤其是接对方的第二发球，抢攻上网或推切上网，以便充分发挥自己上网型打法的特点。接发球上网主要有以下几种方法。

1. 接右区（平分区）二发上网战术

接右区外角二发时，可用正手抽击或推切球，回击直线上网。当对手把右区二发发在内角时，可用反拍抽击或推切回击直线球，打对方的反手上网。

2. 接左区（占先区）二发上网战术

接左区外角二发时，根据对方技术情况，利用反手抽击或推切球，回击对方的上网弱点，一般以打直线上网为佳。一是距离短，对方准备时间仓促；二是上网后

容易封住对方回球角度。如果此时对方二发质量不高,可以提前侧身攻击,回击对方的斜线或者直线上网。

3. 接对手左区内角二发战术

接对手左区内角二发时,可用正手抽击或者推切球方式,回击对手左右两点上网,但是球要尽量打深。

4. 用削球接发球后上网战术

用削球接发球然后上网时,应先用反手打一个落点较深的前进直线球,调动对方后,上网抢攻,然后将对方的回球截击到另一侧空当处。要使这一战术成功,不是用快削来接发球,而是尽量将回球打深,并取得截击的恰当位置。

(四)随球上网战术

随球上网战术是利用双方在底线对攻相持时或对方接发球时,出现质量不高的中场球(在发球线附近的球),果断地用正反手抽击或削球,然后随球上网的一种战术,这种战术也是比赛中的主要得分手段。

对于不太喜欢发球上网截击且底线能力较强的选手而言,底线相持,当出现机会后随球冲跑上网,然后进行截击也是一种比较好的战术。打这种球的关键是,上网之前这一拍一定要对对手有一定的压迫性,或是打大角度,使对手因移动救球而破坏其身体的平衡,这样就为截击创造了机会。随球上网应该注意以下几点:

(1)随球上网要果断,步法启动快,采取迎上高点击球。

(2)随击球的成功率要高,质量要好,这样才能有利网前的进攻得分。

(3)随击球的打法要善于不断变化,如平击、上旋、下旋、推切等交替使用,以破坏对手的击球节奏。

(4)应根据随击球的斜线或直线落点,人随球动,迅速贴近网前封网。

五、综合性打法战术

综合性打法是以基本功扎实、技术全面为基础,可根据不同的对手和不同的技术战术掌握情况,以及场地特点与战术需要,灵活地采用各种战术打法。综合性打法攻守平衡,符合积极、主动、灵活的战术原则。

(1)对付发球上网型的对手,采用接发球抢攻;或接发球打上网队员的脚下,再准备第二拍破网。

(2)对付随球上网型的对手,采用底线打深球战术,不给对手上网机会,把其压制在底线。如果对方成功地随球上网,就采用两边不同节奏的击球破网或拉上旋过顶高球破网。

(3)对付打底线上旋球的对手,可采用发球上网或随球上网的战术,用正反手

第五章 网球运动的战术

对拉，用反手的切削来控制落点的战术，寻求进攻机会。

（4）对付底线较稳健型的对手，采用发球上网或随球上网及底线紧逼战术，以打乱对方节奏。

（5）对付接发球上网型对手，要提高一发命中率，变换发球落点，以控制场上主动权。

六、常用单打战术组合

（一）发球时

把球发向外角（1），把对手拉出场外，再根据对手回球线路决定将球打向场地另一侧空当（3）。如图 5-1 所示。

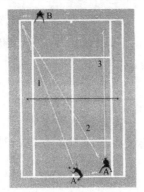
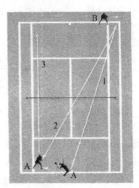

图 5-1 网球单打发球战术示意

（二）接发球时

用斜线把球回探到底线 1～2 米之间（2）（在接大角度发球时）。如图 5-2 所示。

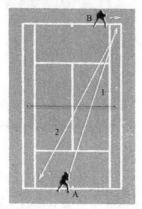
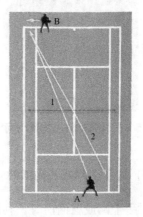

图 5-2 网球单打接发球战术示意

（三）都在底线时

斜线对打，当你（球员 A）遇到浅球时（2），通过直线（3）攻击的方式调动你的对手（球员 B）。强有力的击球可以让你上到网前。如图 5-3 所示。

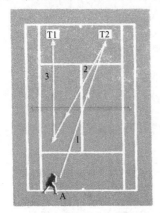
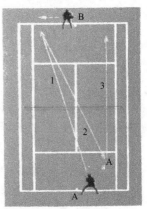

图 5-3　网球单打底线战术示意

（四）上网或网前时

你（球员 A）应沿直线（1）上网，之后用斜线截击（3）。在截击时，球的理想高度应是高于球网。如图 5-4 所示。

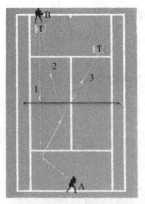
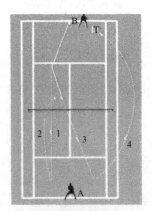

图 5-4　网球单打网前战术示意　　　　图 5-5　网球单打对手上网战术示意

（五）对手上网或在网前时

当对手上网或在网前时，利用挑高球。如果你的对手（球员 B）向你的反手侧（1）上网，用直线球（2）穿越；如果你的对手把球击向你的空当（3），用上旋挑

第五章 网球运动的战术

高球打向对手的反手侧（4），迫使对手转身救球。如图 5-5 所示。

第四节 网球双打战术

双打是网球运动中两人合作进行比赛的项目。双打首先强调两人的团结协作，相互鼓励，相互谅解，相互信任。只有这样才能在思想上和行动上协调一致，形成默契。双打技术主要是建立在单打技术的基础上，同时对运动员的技术要求更全面。

双打战术最基本的准则是控制网前，只有极少数双打队员是靠在底线击球得分。如果常守在底线，就意味着失去了截击球和扣杀的机会。双打中能否控制网前是比赛成败的关键。

双打虽然是在发挥个人单打技术的基础上相互配合进行的，但网球的双打与单打战术特点截然不同，两者之间有很大的区别。

一、双打与单打的区别

整体而言，双打以网上截击为主，而单打则以打落地反弹球为主，两者的打法、形式均不相同，存在着很多区别。双打与单打的具体区别如下：

（1）单打第一发球的力量较大，多用平击的大力发球，因此命中率比较低；而双打要求发球上网（特别是男子双打必须发球上网），要求第一发球的命中率在75% 以上，并强调落点位置。所以多采用命中率较高的切削发球或上旋发球，落点应在对手的弱点上，以利于上网或给同伴创造截击机会。

（2）单打战术要求尽量把球击向场地两角深处，球过网的高度可在 1.20～1.53 米；而双打要求把球打低些，打好落点球，防备对方截击。

（3）双打比赛挑高球的应用比单打多，高压球的机会也多。因此，双打运动员应更加注重提高截击球和高压球技术。

（4）双打经常会出现双方 4 人同时上网的情况，短兵相接，对攻激烈。由于往返球速快，运动员的反应也必须更敏捷，动作更迅速，判断更准确。双打中可采用二打一的战术，多攻对方较弱的选手。

（5）双打时，两个人的优缺点可以相互补充；而单打则必须靠一己之力来克服自身的弱点。

（6）双打可以发挥高于配对双方自身的潜力和能量，单打则只能发挥出一个人真实的最高水平。

二、双打的基本站位

双打中,发球队员和接发球员及其同伴的站位与移动、判断与击球有着密切的联系,站位合理、移动迅速、配合默契、击球质量高,在比赛中就能占据主动地位。

1. 发球员及其同伴的站位法

(1) 前后站位。同伴站在网前,发球员应稍靠边线站位。这种站位可以加大斜线球的角度,发球后可立即上网。

(2) 澳大利亚式站位。同伴站在网前中线或靠近中线处,降低重心,发球员发球后根据同伴的要求进行上网。发球员的站位应根据网前同伴的站位以及战术意图及时调整自己,便于上网和封网,以达到发挥进攻优势、控制网前的目的。

2. 接球员及其同伴的站位法

(1) 前后站位。同伴站在发球线与发球网中间,接球员站在底线后或底线内。

(2) 双底线站位。同伴与接球员都站在底线。

三、双打的基本战术

(一) 发球战术

双打和单打在技术上没有区别,但从战术上考虑就截然不同了。单打中,选手希望在第一次发球时就直接得分;而双打则考虑如何提高一发的成功率,如何让自己的同伴顺利接住对手的回球。这才是双打的关键。

1. 提高一发的成功率

双打比赛中,一发的力量应控制到单打比赛发球力量的80%,重点是控制球的落点,使球的命中率最好保持70%以上。若全力发球,截击空中球的同伴即使想抢网也捕捉不到战机。如果一发失误,二发就容易遭到对方接发球队员的攻击而使自己处于不利的地位。

2. 一发时,球发到对方接球员的反手侧

将球发到对方接球员的反手侧,使其移动受到限制,从而造成回球不到位;这样利于同伴击球。当把球发到对方的反手位时,希望截击空中球的同伴一定要注意留心直线球,不妨做些假动作,找准机会尝试抢网。

3. 变化发球落点的位置

如果感到对方已经适应了你的发球,就应该变换一下你的发球落点位置。变化发球落点位置往往会使对手猝不及防,降低对方接发球的质量,为同伴截击空中球创造良好的条件。但有一点要注意,在变化发球落点位置之前,一定要提前通知自己的同伴，使其做好相应的调整。

4. 采用"澳式"站位，弥补同伴反手弱的缺陷

双打比赛中，为了弥补同伴反手弱的缺陷，可采用"澳式"站位。即发球时，发球员与同伴同时站在场地的一侧，发完球后再根据各自的分工进行攻防。比如，在占先区发球时，发球员和同伴可以同时站在场地的左侧，这样可以防止因同伴的反手弱而被对手偷袭反手成功。发球员发完球后一定要向平分区移动，防止对手打直线空当成功。

灵活多变的发球，是双打比赛中赢得发球局的重要法宝之一。所以，在双打中要不断地变化发球方法，使对方因不能做出正确判断而造成失误或接出质量差的球。

（二）接发球战术

双打的接发球与单打的接发球是完全不一样的，双打接发球的难度更大，要求也更高。在高水平的双打比赛中，若能打破对方的一个发球局，常常就能赢得这场比赛。

1. 双打接发球的原则

向前逼近，采取攻势，给对方的发球者造成心理压力，并为本方从被动转为主动、进而上网截击创造条件。

2. 双打接发球的要求

（1）面对发球员应早做准备，合理取位，预判准确，胆大心细，向前迎击。动作小而快的接发球能提高接发球的成功率和质量，这样才有可能改变己方的被动地位。

（2）双打接发球的回球线路必须清晰，即接发球应向着发球者进行回击，绝不要轻易地打给网前的对手。预判对方发球上网后，应该立即迎上击球，用低球回击到对方脚下，使对手无法起拍进攻，然后随接发球上网。

（3）接发球要眼疾手快。如果对方发球后在网前非常活跃，或看到对方向中间移动抢网，立即回击二拍直线球，使其顾此失彼，防不胜防。

（4）当发现对方的发球稍弱时，接发球可采用迎上压着打，或迎上推切削接，或接上旋球，把球打到对方发球者的脚下，为自己进攻创造条件。

（三）网前战术

高水平的双打比赛中，时常会出现双方都在网前以快速截击球进行对攻的场面，因此，对网前截击球技术要求比较高。双打中的网前技术，不仅要有良好的判断和快速的反应，还需要有敏捷的步伐移动和娴熟的截击技术，网前截击要求干

净、利落并具有威胁性。

1. 对发球而言

（1）如对方接发球员没有上网，发球上网后的第一次截击球应截击至接发球员处，然后继续向前跟进。要求截击拦得平而深，质量高。

（2）如对方接发球员上网，发球上网后的中场第一拦击应拦至对方脚下或两条边线区域内。要求控制好击球力量，以便拦击出好的落点。

（3）发球方同伴应根据发球员的发球质量及对方接发球的习惯进行抢网，干扰对方的接发球。要求将球拦到对方脚下或两条双打线内。

2. 对接发球而言

（1）接发球上网后的网前截击，应根据对方发球后的拦网质量，迎上截击或控制球截击，将球拦至对方脚下，或两人之间的空当，或两条边线区内。

（2）如果发球质量较高，发球上网中场第一拦起高球，接发球员的同伴立即抢网截击，动作要突然、击球要凶狠。

双打比赛中，谁先占据了网前，谁就取得了比赛的主动权，抓住网前的机会，就容易取得这一分。所以，打好网前截击是很重要的得分手段。双打的网前截击应该注意以下几点：一是取位要合理。网前截击如果取位不合理，就容易被对方抓住空当，实施穿越。二是要有必胜的信念。技术达到一定的水平后，主要是看队员在网前的信心足不足，如果没有必胜的信心，就很容易被对方打穿越。三是要有进攻的态势。来到网前就要给对方以进攻的态势，击球绝不能手软，只要有机会，就应该给对方致命的打击。四是移动迅速，击球果断。要主动争取打网前截击的机会，快速移动是争取主动的前提，判断准确，击球一定要果断。五是控制击球落点，连续追打对方的同一名队员。

（四）挑高球战术

挑高球战术在双打比赛中也起有一定的作用，如果能挑出好的带进攻性的上旋高球，就能控制对方上网的速度，能够有效地使自己由被动转为主动；挑出高而深的防守性高球，同样也可以达到破坏对方进攻节奏的效果。

双打中挑高球应注意的事项：

（1）挑高球时动作要隐蔽，出手要快，尽量朝贴近网前的对手身后挑。

（2）不要对方一上网就挑高球。要等到对方拦了一板球后，贴近到网前时再突然挑高球。

（3）高球要挑到防守的后场，同时应立即上网，抢占网前进攻位置。

第五章　网球运动的战术

（五）高压球战术

双打中的高压球与单打中的高压球一样，要求干脆利落，不拖泥带水。与单打唯一不同的是，单打的高压球以压对方左右两边为主，而双打的高压球是以压对方两人中间和双打边线附近为主。因此，对于打高压球来说，力量不是主要的，更重要的是球的落点与角度。双打中的高压球应达到以下要求：

（1）如对方两名队员都在底线位置，高压球的落点应打得深，压的位置应是对方两名队员的中间或压大角度至双打边线。

（2）如果对方其中一名队员在中场或前场网前，高压球应压到对方网前队员的脚下。

（3）如防守挑高球挑得深，这时应注意先压成功率，把落点打深，以求得第二次进攻；如对方挑得浅，就可调整好体位一拍将对方扣死。

（六）底线抽击战术

双打中的底线抽击战术主要运用于接发球和底线破网，要变被动为主动，并能得分。因此，双打中的底线战术要求与难度大于单打。在双打比赛中一般都是力争上网，主动进攻，只是在接发球时，对方发球上网及网前抢网很好，才不得不退至底线进行防守反击。虽说在底线击球采取的是防守型打法，但只要打出的破网球能给对方网前得分造成困难，同样能变被动为主动。因此，在双打中的底线抽击球破网应做到以下几点：

（1）底线破网要有成功率，力争每个球都能回击过网，让对方网前出错，然后伺机进攻。

（2）底线破网一定要打得凶狠、巧妙，平击和上旋结合，即快打与轻拉相结合，平抽和拉上旋高球相结合，使对手在网前因举棋不定、判断不准而出错。

四、常用双打战术组合

（一）双上网进攻型战术

双上网进攻型战术是近年来职业网球双打比赛中采用最多的战术。发球方发球后上网，接发球方也采用积极的进攻型接发球上网，双方4人均来到网前，通过小斜线截击或其他方式得分。如图5-6所示。

（1）发球者发出刁钻的一发后上网，在发球线处截击将球打到接发球方脚下，待接发球方回球时跟进到网前，在网前打出直接得分球。

（2）接发球者选择进攻型接发球，球回到发球者脚下，同时迅速上网，在发球线处截击,把球打到对方中间接合部,再来到网前,找机会打出得分球。

(3)发球者搭档根据发球落点,适时调整网前位置,盯住接球方,判断回球方向,及时上前抢网,同时注意防守双打边线和单打边线之间区域的直线穿越球。

(4)接发球搭档在发球线附近,防守发球者搭档的截击球,同时要提防发球方第一次截击球,根据来球方向,来到网前打出小斜线或高压球得分。

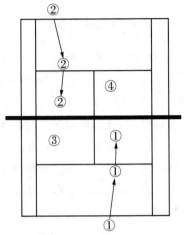

①发球者 ②接发球者 ③发球者搭档 ④接发球搭档

图5-6 网球双打双上网
进攻型战术示意

(二)双上网防守型战术

男子职业选手均采用此种战术。由于在双上网进攻型战术中,两人太靠近球网,无法照顾到挑高球。因此,该类型战术的重点是接发球方接发上网后,只来到发球线附近,防守发球方的挑高球,且大部分球由此人处理,接发球搭档则伺机打出截击或高压球得分。如图5-7所示。

(1)发球者发出刁钻的一发后上网,在发球线处截击,将球打到接发球方脚下,待接发球方回球时跟进到网前,在网前打出直接得分球。

(2)接发球者选择进攻型的接发球,球回到发球者脚下,同时迅速上网,在发球线处截击,并把球打到对方中间接合部,同时防守对方打出的挑高球,把得分机会让给网前搭档。

(3)发球者搭档根据发球落点,适时调整网前位置,盯住接球方,判断回球方向,及时上前抢网,同时注意防守双打边线和单打边线之间区域的直线穿越球。

(4)接发球搭档在发球线附近,防守发球者搭档的截击球,同时要提防发球方第一次截击球,根据来球方向,来到网前打出小斜线或高压球得分。

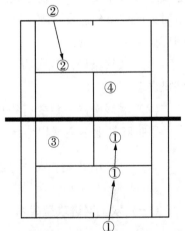

①发球者 ②接发球者 ③发球者搭档 ④接发球搭档

图5-7 网球双打双上网
防守型战术示意

第五章 网球运动的战术

（三）双底线型战术

女子职业选手、业余选手和混合双打均采用此类型战术。当发球方发球速度快且角度刁钻时，接发球方全部退到底线防守，以破坏发球方的进攻；而发球方则发球后上网进攻，争取在网前得分。如图5-8所示。

（1）发球者发出刁钻的一发后上网，在发球线处截击，将球推到接发球方的底线深部，待接发球方回球时跟进到网前，在网前打出直接得分球。

（2）接发球者首先选择回斜线球，打到发球者的脚下，使其截击困难，择机出其不意打出直线穿越球或挑高球。

（3）发球者搭档根据发球落点，适时调整网前位置，盯住接球方，判断回球方向，及时上前抢网，同时注意防守双打边线和单打边线之间区域的直线穿越球。

（4）接发球搭档退到底线，防守发球者搭档的截击球，同时要提防发球方第一次截击球，根据不同方向的来球，打出中路穿越球或挑高球。

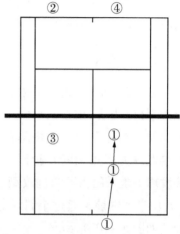

①发球者 ②接发球者 ③发球者搭档 ④接发球搭档

图5-8 网球双打双底线型战术示意

（四）澳大利亚型战术

男子职业选手常常采用此类型战术以改变比赛节奏和弥补某些技术缺陷。澳大利亚型战术与双上网防守型战术类似，其主要变化是发球者和发球者搭档的站位，发球者一般站在底线发球中线处，其搭档则站在同侧网前，接发球方无法斜线回球，只能回直线球或挑高球，发球后双方4人来到网前，通过小斜线截击或其他方式得分。如图5-9所示。

（1）发球者发出刁钻的一发后上网，来到搭档一侧的发球线处截击，将球直线打到接发球方脚下，待接发球方回球时跟进到网前，在网前打出直接得分球。

（2）接发球者选择进攻型的接发球，直线回

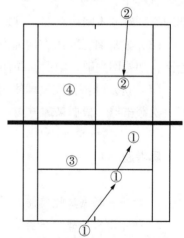

①发球者 ②接发球者 ③发球者搭档 ④接发球搭档

图5-9 网球双打澳大利亚型战术示意

到发球者脚下,同时迅速上网,或者打出斜线挑高球,来到发球线处截击,把球打到对方中间接合部,再来到网前,找机会打出得分球。

(3) 发球者搭档站在发球者同侧发球线上,主要负责对方斜线穿越球或挑高球,伺机上前抢网。

(4) 接发球搭档在发球线附近,防守发球者搭档的截击球,根据来球方向,来到网前打出小斜线或高压球得分。

(五)I型战术

男子职业选手较多采用此类型战术,女子职业选手也开始采用这种战术。与双上网进攻型战术类似,只是发球者搭档蹲在网前发球中线处,使接发球方很难判断其抢网方向。发球后上网,接发球方也采用积极的进攻型接发球上网,双方4人均来到网前,通过小斜线截击或其他方式得分。如图5-10所示。

(1) 发球者发出刁钻的一发后上网,在发球线处截击,将球打到接发球方脚下,待接发球方回球时跟进到网前,在网前打出直接得分球。

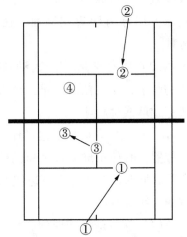

①发球者 ②接发球者 ③发球者搭档
④接发球搭档

图5-10 网球双打I型战术示意

(2) 接发球者选择进攻型的接发球,球回到发球者脚下,同时迅速上网,在发球线处截击,把球打到对方中间接合部,再来到网球,伺机打出得分球。

(3) 发球者搭档蹲在网前发球中线上,盯住接球方,判断回球方向,迅速上前抢网,如抢网失败,则回到同伴另一侧网前,伺机打出网前截击或高压球得分。

(4) 接发球搭档在发球线附近,防守发球者搭档的抢网球,同时要提防发球方第一次截击球,根据来球方向,来到网前打出小斜线或高压球得分。

思考题

1. 影响一场网球比赛结果的因素有哪些?
2. 网球运动的战术分类有哪些?
3. 网球单打比赛中如何运用发球战术?
4. 网球单打比赛常用的战术组合有哪些?
5. 网球双打比赛战术的要点是什么?
6. 网球双打比赛常用的战术组合有哪些?

第六章　网球运动的教学、训练

> 【内容提要】本章主要阐述了网球运动的一般教学及训练原理和方法。包括网球运动教学阶段的划分与要求、网球运动的教学原则与方法、网球运动的训练方法及对网球教练员的基本要求等。

第一节　网球运动的教学阶段与要求

网球教学，不仅能教会学员网球技能，发展学员的身体素质和运动能力，增强体质，还可以提高他们练习网球的兴趣，激发其自觉锻炼的积极性。虽然网球本身的趣味性很强，但教练还是要根据学员的具体情况遵循教学原则，灵活运用各种教法，更好地实现教学目的。

根据运动技能的形成规律和网球运动的特点，可以将网球运动的教学划分成三个阶段，每个阶段的任务以及相应的教学要求都有所不同。

一、粗略掌握动作阶段

初学者在经过熟悉球性的训练后，在开始学习各种技术前都要经过这一阶段。在本阶段，通过教练的示范、讲解，学员对所学的技术有一个初步印象，并通过自己的模仿练习，体会肌肉感觉，粗略地掌握动作要领。

在这一阶段，学员对球的落点和弹跳高度判断还不是很准确，引拍不够及时、充分，会出现多余动作，且动作紧张、费力、不协调。教学中，教练应注意精讲多练，抓动作要点，以正确的示范和简练的讲解，让学员初步建立动作概念，自己去体会动作，不必过多强调动作细节。

二、纠正错误、改进动作阶段

本阶段主要是纠正学员的各种错误动作，改进其技术，提高其动作的准确性、协调性和实效性。学员通过反复练习，逐渐消除了紧张感，动作质量、回球成功率都明显提高。但动作仍不够熟练，没有形成自动化。

教学中，教练应通过详细的示范和讲解，帮助学员正确理解技术，体会动作细

节，使其动作日趋合理。教练要注意观察学员的动作，抓主要毛病，采取针对性措施及时纠正。教练的精力主要集中在这一教学阶段。另外，教练还应根据学员的不同情况，加强个别指导，注意因材施教。

三、巩固和完善动作阶段

到此阶段，学员的动作已基本定型，能够比较轻松、准确地完成动作。教学中，通过反复练习，逐渐使学员的动作自动化，力争每一次击球都轻松、自如、熟练、省力。在这一阶段应注意练习手段的多样化，要采取分组比赛的方式，调动学员练习的积极性，增强其学习兴趣。

初学者从不会打球到熟练击球，都要经过上述阶段，它们是有机联系的完整过程。因学员的个体素质、学习态度及学习的时间不同，因此，教练应善于根据学员的特点，采取适当的教法，促进学员技能的提高，更好地完成网球教学任务。

第二节　网球运动的教学方法

教学方法是指教练为完成教学任务所采取的手段。教练应根据教学目的、任务和内容，采用符合学员认知规律的有效的教学手段来传授知识和技能，培养学员分析问题和解决问题的能力，发展学员的个性。

一、示范

教练的正确示范是网球运动教学的最基本手段，它能使学员通过视觉真切地感知动作的形象、结构、要领和方法，建立整体的动作概念，从而帮助学员掌握正确的网球技术。教学中正确、优美、恰当的示范可以有效地提高学员的学习兴趣，激发他们的学习欲望。因此，教练应经常研究探讨，不断提高动作的示范质量。

（一）队形组织与位置示范

进行示范时，首先要安排好学员的位置，不要让学员面对强光。教练的示范位置应使每一个学员都能看清动作，示范点要依队形的长短及场地情况而定，一般以距排面2～3米为宜。距离太近或太远都会影响示范的效果。

（二）示范面与示范速度

网球教学的示范面主要有正面、侧面和背面。选择哪个面进行示范，取决于所教动作的结构和教练的教学意图，关键要使学员看清主要的技术环节。示范以中速为宜，但有时为了使学员看得更清楚，要以较慢的速度进行示范。

（三）示范与观察的重点

网球教学中的示范，要做到主次分明、重点突出。在每次示范前，应根据教学内容和任务，对学员的观察示范动作提出明确的要求，指明观察的重点。教练可在完整示范后再进行分解动作示范或重点动作示范，不能要求学员通过一次示范就能掌握全部要点。

（四）正误对比示范

在学习新动作时，为了使学员更清楚地建立动作概念，预防错误动作的发生，或是在纠正学员的错误动作时，为了使学员明白自己的错误所在，教练在进行正确技术示范后，可以形象地模拟一下常见的或典型的错误动作，使学员通过鲜明的对比，对正确动作和错误动作有更明确的认识。

二、讲解

在网球教学中，讲解也是一种重要的教学手段。它是教练运用语言启发学员积极思维，加深对教材内容的理解，促进学员掌握技术、技能的基本方法。讲解的科学性和艺术性，是教练教学水平的一个重要标志，对教学效果有很大的影响。教练在教学过程中要不断总结经验，在语言表达上做到简洁、易懂。

（一）生动形象

网球的技术一般都比较复杂，许多动作往往不是三言两语就能说得清楚。但过多地强调技术性，会使学员感到枯燥从而降低学习兴趣；生动形象的讲解，则能给学员留下深刻的印象，帮助其迅速理解动作要领，建立完整、正确的动作概念。在形象化讲解方面，教练可以充分发挥自己的创造性，通过比喻、夸张等方法来增强讲解的直观效果。

（二）简明扼要

网球教学的讲解，应力求简明扼要，抓住关键；要能够熟练地运用网球术语来表达动作要点，以便学员理解和记忆。

（三）与示范紧密结合

网球教学中，讲解和示范是相互补充、相辅相成。示范主要展示动作的外部形象，讲解则能反映技术的内在要求。正确的动作示范配以生动形象的讲解，能够引导学员把直观感觉和理性思维很好地结合起来，达到更好的教学效果。

三、分解教学法与完整教学法

在具体实施教学时,一般有两种方法可采用,即分解教学法和完整教学法。

(一)分解教学法

分解教学法是把一个完整的动作技术合理地分成几个部分,按部分逐次进行教学,让学员最后完整地掌握动作技术。分解教学法的优点在于能化繁为简,化难为易,使复杂的动作变得简单明了,从而简化教学过程,增强学员学习的信心,有利于他们更快更好地掌握复杂动作。

但是,分解教学法如果运用不当,就容易造成动作割裂,破坏动作结构的完整性,从而影响学员对正确技术的掌握。因此,在进行分解教学时,必须考虑到各部分动作之间的有机联系,使动作的划分不致改变动作的结构;同时,要使学员明确所划分的部分在完整动作中的位置与作用。此外,通过分解教学,学员基本掌握所授动作之后,应适时向完整动作过渡,以便他们更快地掌握完整技术。应该明确的是,分解只是手段,完整才是目的。

(二)完整教学法

完整教学法是从动作的开始到结束,不分部分和段落,完整地进行教学的方法。这种方法的优点是,能保持动作的完整性,不会破坏动作的结构和各部分之间的内在联系,便于学员完整地掌握正确技术。一些比较简单的动作通常采用完整教学法。

(三)两者的综合运用

分解教学法与完整教学法是相对而言的,对于整体来说是分解,对于局部来说则是完整。采用哪一种教法,应根据动作的复杂程度和学习者的接受能力而定。学习简单动作时,完整法优于分解法;学习复杂动作时,分解法优于完整法。

动作的复杂程度,对学员来说也是相对的。同样的动作,对基础好、学习能力强的,可能是简单动作,宜采用完整法施教;而对基础差、学习能力弱的,则可能是复杂动作,宜采用分解法施教。

在网球教学中,应把分解教学法与完整教学法很好地结合起来。采用分解法教学,应以掌握完整技术为目的,通过分解练习体会动作要领,并积极创造条件向完整练习过渡;在完整法教学中,亦可以用分解法来加强局部动作的练习。

网球教学中常用的方法是"完整——分解——再完整"练习法,这是一种以完整教学法为主导,把分解法和完整法很好地结合起来的教学方法。在教练示范、讲

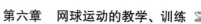

解后，应让学员完整试练，初步建立完整动作的概念，然后再进行一定的分解练习，使学员初步掌握分解动作要领，接着再转入完整动作的练习。

另一种常用的方法是"分解——完整——再分解——再完整"练习法。在教学中，首先进行分解练习，让学员初步体会分解动作要领后，即转入完整练习；然后再进行分解练习，改进局部技术；最后再进行完整练习。通过几次循环，达到完整掌握动作技术的目的。

第三节　网球运动的教学原则

教学原则是教学实践中具有普遍意义的认识，是教学过程客观规律的反映，是教学工作必须遵循的基本要求。在网球运动教学中要正确地遵循体育教学原则，以利教学任务的完成和教学质量的提高。

一、自觉积极性原则

自觉积极性原则是指在教练指导下，学员充分发挥自己学习的主动性和创造性，在学习中体现主体作用，使学习成为自己的自觉行为。在教学中运用自觉积极性原则应注意以下几点。

（一）明确学习目的

网球运动教学一开始，就应向学员进行学习目的教育，使学员认识网球运动在健身、竞赛等方面的意义，增强其学习网球的自觉性和积极性；同时，教学开始时，应向学员讲解教学的目的、任务、要求、考核项目与标准。在学习每一动作时，应向学员讲明所学动作的作用，使其始终能有目的地进行学习。

（二）培养学员对网球运动的兴趣

兴趣是最好的老师。在网球运动教学中，培养学员的兴趣至关重要。学员对网球运动有兴趣，就会努力克服困难，认真研究技术，自觉进行练习，不断提高技术水平。在教学的各个阶段，要根据学员的情况提出切合实际的要求，使其通过一定的努力能够达到该要求。要使学员在每次课上都有新的体会，都能看到自己的进步。对基础较差、起步较慢的学员，要多鼓励、帮助，运用适合他们的教学方法，加快其掌握动作的过程；对基础好、进步快的学员，适当提高教学要求，使他们能学到更多的知识、技术和技能。教学的组织应多样化，动静交替，不同身体部位的动作练习要穿插进行，并适当采用游戏、比赛等方法，使网球运动教学生动、活泼。

（三）了解和把握学员的心理活动

在网球运动教学中，教练要善于了解和把握学员的心理活动，有针对性地解决教学过程中学员出现的不良心理现象和由此引发的具体问题；教练应根据学员产生各种不良心理现象的原因，因人而异、对症下药，采用正确的方法来消除他们的不良心理。

（四）发挥教练的主导作用

要调动学员学习的积极性，必须发挥教练的主导作用。教练既要为人师表，教书育人，热爱自己的工作，注意自己的言行举止，又要严格要求学员，建立良好的师生关系。在教学上应做到精益求精，上课时振作精神，口令清晰洪亮，手势大方，讲解生动易懂，富有说服力和启发性。教练还应努力提高示范动作的质量，通过准确、优美、轻松、自如的示范动作，激发学员的学习兴趣。

二、循序渐进原则

循序渐进原则，是指教学中根据学员的认知规律、动作技能的形成规律和人体生理机能活动能力的变化规律，正确安排教学内容和运动负荷，使用由简到繁、由易到难、由未知到已知的教学方法，逐步深化，使学员能系统地学习和掌握知识、技术和技能。在网球运动教学中运用循序渐进原则应注意以下几点。

（一）制订好教学计划

进行网球运动教学，必须制订切实可行的、完整的教学计划，以保证网球运动教学工作系统、有序地进行。教学计划包括课程教学大纲、学期教学进度、课时计划（教案）等。教练应认真研究教材，了解教材的系统性，以便在编制教学计划时体现循序渐进的原则，使每学期、每次课的教学内容前后衔接，逐步提高教学要求。

（二）安排好教学内容和组织教法

在安排教学内容和组织教法时，要由简到繁、由易到难、由浅入深、循序渐进、逐步提高，以利于学员接受。例如，初学者须先熟悉球性，然后再开始练习打球；讲解某一动作前，先做徒手练习，再空拍练习，再进行有球训练。进行正手或反手技术训练时，先让学员做原地击球练习，待其熟练后，再进行跑动中击球练习。

（三）逐步提高运动负荷

一堂课的运动负荷应从小到大，逐步增加，并保持在一定的水平上，然后逐步下降。一个季节或一个学期的运动负荷安排，也须遵循这一原则。这不仅有利于增强学员的体质和提高其运动能力，也有利于他们运动技能的提高和巩固。初学者球性差，练习时肌肉紧张，容易疲劳，运动负荷不能太大；待他们的身体、技术基础提高后，再逐步增加练习时间。

三、因材施教原则

因材施教原则，是指在教学中，既要面向全体学员提出统一要求，又要根据不同学员的个体差异区别对待，把集体教学和个别指导结合起来，使每个学员的才能和身心健康都得到充分发展。在教学中运用因材施教原则应注意以下几点。

（一）了解学员的一般情况和个体特点

在教学时，教练应通过各种途径和方法，切实掌握学员的相关情况，如思想品德、组织纪律、接受能力、身体素质、网球基础等，既要掌握教学的一般情况，又要了解学员的个体特点，以便采取不同的措施，因人施教。在网球教学开始时，可实行一次摸底测验，以便了解学员的网球技术基础。

（二）一般要求和个别对待相结合

一般要求，是指根据网球教学大纲的基本规定，教学内容力求符合学员的年龄、性别、运动基础和身体发展水平，全体学员经过努力可以达到教学要求。教练应把精力放在全体学员上，使多数学员能够达到教学的一般要求。但由于学员身心发展的不平衡性，会有一些学员觉得学习"太容易"，另一些学员觉得学习"太困难"。因此，教练在面向全体学员的同时，还要注意兼顾两头，个别对待。对基础好、接受能力强的学员，可加快进度，提出更高的要求，以满足他们的学习欲望。在练习中，对少数基础好的学员，可以安排较长时间和较高强度的练习。对基础差、接受能力弱的学员，则应耐心辅导，适当放慢学习速度，降低练习规范，使他们能逐步达到一般要求。

四、巩固提高原则

巩固提高原则，是指在教学中，要使学员牢固地掌握所学的知识、技术和技能，并逐步提高和完善，不断提高身体素质，达到增强体质的目的。在网球运动教学中运用巩固提高原则应注意以下几点。

（一）集中安排网球课

网球课最好相对集中，每周2次，以利于运动技能的巩固，避免因课时隔太久而产生运动技能的消退现象。

（二）反复练习，逐步提高

在教学中，要组织学员进行反复、经常的练习。在初步掌握动作后，就应进行大量的练习，使动作从量变到质变，逐步形成正确的动力定型。反复练习不是简单的重复，而是要不断提出新的、更高的要求，并经常进行技术评定，使学员看到自己的进步，激发学员的积极性，促进其运动技能的巩固与提高。

（三）改变练习条件，提高练习难度

在网球运动教学中，改变练习条件对巩固提高所学知识、技术和技能可以起到良好的作用。改变练习条件，不仅可以检查学员掌握技能的熟练程度，使学员的运动技能得到进一步发展，还可以丰富教学手段，提高学员对学习的新鲜感。例如，在学习了反手底线击球技术和反手削球后，可以进行正手底线击球技术—反手底线击球技术—正手底线击球技术—反手削球的跑动练习，或者是在双方对打几个回合后，一方在打出落地深的回球后，随球上网截击。

第四节　网球运动的训练方法

网球运动训练，是指根据网球运动的特点，在网球教练员的指导下，为了不断提高网球运动员的技术、战术、身体素质、心理素质、思想作风、智能水平，以获得最佳运动技术技能，创造优异的比赛成绩而专门组织的一种教育过程。网球运动的训练方法，是指为了完成训练任务而采取的各种手段和措施的总称。为了达到提高运动员运动技术水平、最终取得优异比赛成绩的目的，必须根据不同的训练对象、不同的训练内容和设备、不同的训练周期等，采用多种多样的训练方法。目前，比较流行的网球运动训练方法有以下几种。

一、重复训练法

重复训练法，是指在不改变动作结构和运动负荷的情况下，按照既定的要求反复地进行练习，每次（组）练习之间的间歇时间能使机体基本恢复的练习方法。重复训练法的特点是，将某一项技术或战术的训练相对集中，通过多次重复，形成条件反射，便于运动员牢固掌握。例如，网球的发球技术训练、高压球技术的训练等

属于重复训练。

在进行重复训练时，应注重对学员意志品质的培养，要求学员严格按照动作规范和要领进行训练，不断在技术战术的细节上提出新的要求，同时要注意选择行之有效的、适合本人的训练方法。但注意重复的次数，如果安排过多，学员就会感到枯燥。

二、变换训练法

变换训练法，是指针对同一个训练内容和训练任务，在一堂课的不同时段采用不同的训练方法，或在若干训练课中采用不同的训练方法。变换训练法的特点，是用不同的方法解决同样的问题，使学员感到不枯燥，从而提高其训练的积极性。

在技术战术的训练中，要注意训练的形式与比赛的要求相适应。教练员要随时注意学员的训练兴趣，引导其将注意力集中到所要达到的目的上来，即要求学员每个技术动作都应有比赛场上的战术意识。

三、串联训练法

网球的各项技术是在比赛中相互衔接起来进行的，因此，训练中不仅要练单项技术，也要把各项技术有机地结合起来进行训练。把两种或多种技术有机结合的训练形式，称为串联训练法。如网球中的发球训练结合上网训练。

串联训练法不仅是带有强烈战术意识的训练形式，在很多情况下，串联衔接的过程本身就是一种配合练习。

四、系统训练法

网球运动基本上是由发球、接发球、底线球和网前球四个技术战术系统组成的，尤其对于全面型选手，各种技术战术都得掌握。在训练中进行某个战术系统整体训练的方法，称为系统训练法。系统训练法目的明确、条理清晰，可以根据选手的具体情况进行选用，但训练必须包括整个系统中的各个环节和各种技术，并将其有机地串联在一起。

五、综合训练法

将两种或两种以上的战术系统结合起来进行训练的方法，称为综合训练法。这种训练法介于系统训练法和比赛训练法之间，有助于提高运动员的技术战术串联能力和配合能力。

六、多球训练法

多球训练法是利用较多的球来提高训练的密度、强度、难度和节奏等的训练方法。

七、对抗训练法

有对立面的训练形式称为对抗训练法。对抗训练法是除竞赛训练法以外最结合实战的训练形式。在安排对抗训练时,对抗双方的实力要尽可能均衡,同时还要强调训练的重点和目的。对抗训练更适合高水平的运动员。

八、极限训练法

为了提高运动员的专项耐力素质,培养他们克服困难的顽强意志和拼搏精神,采用一种密度高、强度大、练习时间相对较长、要求标准高,必须竭尽全力才能完成训练任务的方法,称为极限训练法。进行极限训练要正确掌握负荷量,过小,达不到有效提高专项耐力的目;过大,则有损身体健康,而且对形成正确技术定型和技术运用也不利。

九、竞赛训练法

凡是要分出胜负的对抗型训练都称之为竞赛训练。这种训练有助于提高队员的训练兴趣和积极性,使运动员的技术、战术水平和心理状态更接近实战要求,对运动员在正式比赛中正常发挥水平、克服临赛紧张情绪有特殊的意义。

十、恢复训练法

阶段性的紧张训练之后,或激烈的大型比赛后,都需要有调整恢复的训练,运动员伤病之后也需要恢复。为此,在技术战术训练上所采取的相应的训练方法称为恢复性训练法。一般而言,阶段性紧张训练后的恢复训练是一种运动量的调整,它主要是使运动员能在前一阶段大运动负荷训练的基础上达到超量恢复,迎接即将到来的比赛或下一阶段的训练。而激烈的大型比赛后,运动员无论在体力或精神方面都已出现极大消耗,这时的恢复训练应包含积极休息的内容,使运动员在体力和心理方面都能迅速恢复到正常水平。

十一、电脑训练法

凡是运用电脑收集、处理有关信息,用于控制和指导训练,包括运用电脑控制的器械训练方法,统称为电脑训练法。这种训练的最大优点是能够获取训练效果的可靠信息,训练的针对性强。

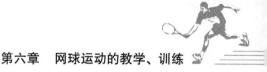

第六章　网球运动的教学、训练

总之，随着时代的进步和科技的日益发展，针对网球运动员的训练手段也日益科学化和多样化。

第五节　网球运动专项素质训练

目前，网球运动专项素质训练必须遵循科学规律，有效利用时间，合理把握训练强度和训练时间。只有这样，才能提高训练效果，达到事半功倍的目的。

一、熟悉球感练习

（一）基本球感练习

（1）接抛球。和一个同伴做来回抛球，并在球反弹前接住它。

（2）接反弹球。在两个人之间抛反弹球，当球落在胯和腰之间的高度准备第二次反弹时接住。

（3）手掌击球。用手掌击球，试着面对墙或与同伴在网上用手掌打来回球。

（二）手、眼协调练习

（1）往空中抛一个球，并在球落下时接住。先用双手接，然后用单手接。

（2）左手朝上抛球，右手接球；反之亦然。

（3）朝地上掷反弹球，并在球下落时接住。开始用双手接，然后试着用单手接。

（4）把球朝地上反弹得更高一点，接球前做一个转身动作。

（三）动作反应

让一个同伴背朝你，叫他（她）的名字并朝他（她）扔一个球，当他（她）听到后迅速转身，对球做出反应并接住球。两人轮流做。

（四）控制球练习

（1）握拍。拍面与地面平行，在拍面中间（甜点）部位反弹球。

（2）同上练习。在反弹一次球后，翻转拍面，用另一面击球。在两次击球间保持翻转拍面。

（3）同上练习。只是用球拍边框代替拍面击球。

二、对墙练习

对墙进行网球技术练习,不需要正规的场地,只要有一面平整的墙面即可。也不需要同伴或陪练,可以独立进行。对墙练习可以多触球,以发展击球感,对尽快提高网球技术十分有利。方法如下。

(一) 正反手击落地球练习

练习者距墙 5～6 米,将球击向墙面约 1.4 米处,等球反弹落地后再连续击球(如图 6-1 所示)。逐渐加大击球力量,同时逐渐升高墙面的打击点,也逐渐增加练习者与墙的距离。先练正手击球,再练反手击球。

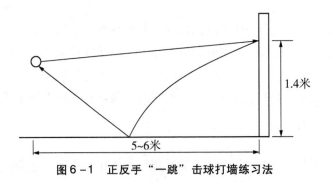

图 6-1 正反手 "一跳" 击球打墙练习法

练习者距墙约 13 米,将球击向墙面 1.8 米处,等球反弹落地两跳后再连续击球(如图 6-2 所示)。先练习正手击球,熟练后再练习反手击球,最后练习正反手交替运用击球。此练习的击球距离相当于球场上底线抽球,击球不需要十分用力,有充分的时间做好下一拍击球的准备姿势,便于纠正动作。

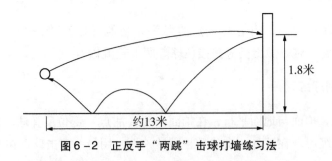

图 6-2 正反手 "两跳" 击球打墙练习法

(二) 截击球练习

练习者距墙约 4 米,连续对墙约 1.6 米处练习凌空球,反弹回来的球较低,要

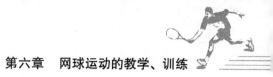

第六章 网球运动的教学、训练

降低重心击球（如图6-3所示）。熟练后可以距墙远一些，还可以正反手交替练习。

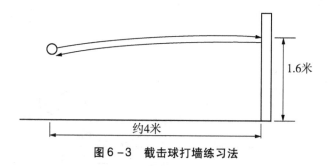

图6-3 截击球打墙练习法

（三）发球练习

练习者距墙12米，将球发向墙上所画目标，墙上一横线是网高，约1米，目标小方块边长40厘米。站位A1，练习在右场区发球；站位A2，练习在左场区发球（如图6-4所示）。初学者宜学侧旋发球，上旋发球弧度大，击墙目标可稍稍增高。

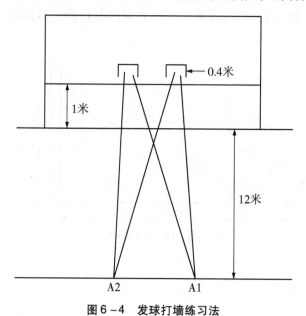

图6-4 发球打墙练习法

（四）高压球练习

练习者距墙约7米，向上抛球后，向距墙1.5米处的地面高压扣球，球从墙上高高地反弹回来后，连续练习高压球。如图6-5所示。

113

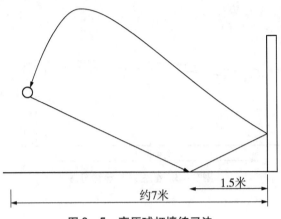

图6-5　高压球打墙练习法

（五）反弹球练习

练习者距离墙约6米，向墙上1.8米处击球，球反弹落地后刚刚跳起，就将球击回（如图6-6所示）。该练习要求练习者眼睛盯住球，引拍动作小，下降重心击球。

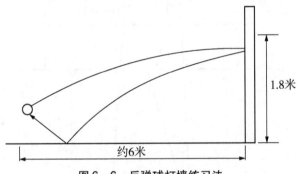

图6-6　反弹球打墙练习法

（六）放小球练习

练习者距离墙约6米，采用正反手削球技术，轻轻击向墙面1.2米处，球反弹落地两跳后连续练习放小球。如图6-7所示。

第六章 网球运动的教学、训练

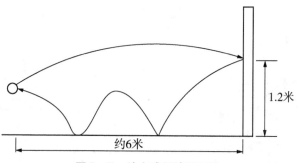

图6-7 放小球打墙练习法

（七）正反手交替直、斜线击球练习

第一，采用正反手交替运用击球技术，并且在移动中进行。第二，击球1，正手击直线球；击球2，正手击斜线球；击球3，反手击直线球；击球4，反手击斜线球。如此反复连续进行。反复来回的次数较多以后，可以逐渐增加左右移动的距离，以增加击球难度并提高移动能力。如图6-8所示。

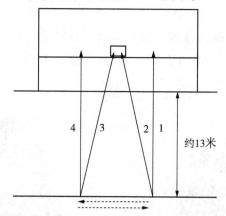

图6-8 移动中正反手交替斜线打墙练习

三、场地练习

在每天的训练中，不能集中地单单训练自己所擅长的打法和不擅长的打法，应循序渐进地根据实际情况进行场地有球练习。

（一）训练课例（100分钟）

1. 网前相互截击

网前相互截击应作为热身活动的一个重要环节来进行。这个活动可以使身体适应过来,将肌肉伸展到适合大运动量的程度。训练时间 5 分钟左右。网前相互截击练习如图 6-9 所示。

图 6-9 网前相互截击练习法

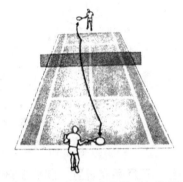

图 6-10 底线中点连续对打练习法

2. 底线中点连续对打

延长球与球之间的间距至底线中点,有意地打出使对方容易回击的球。训练时间 15 分钟左右。底线中点连续对打练习如图 6-10 所示。

3. 对角连续对打

这种训练是围绕网球的基本技术展开的。分别进行正手直、斜线击球和反手直、斜线击球。正反手各练 10 分钟,共 20 分钟。对角连续对打练习如图 6-11 所示。

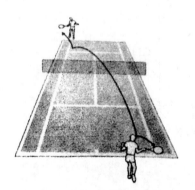

图 6-11 对角连续对打练习法

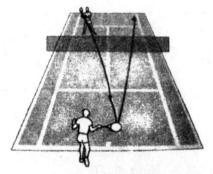

图 6-12 网前球与高压球结合练习法

4. 网前球与高压球

教练和学员各占半场,双方分别就网前截击、凌空球和高压球进行训练。当机会球来临时,就将球击到空当。正反手各练 5 分钟,共 10 分钟。网前球与高压球结合练习如图 6-12 所示。

5. 中场得分球

教练在网前送中场浅球,学员用正反手交替击球,力争一球制胜。正反手各20球。中场得分球练习如图6-13所示。

6. 击球与截击

教练底线击球,学员截击,作为下一步上网截击训练的热身练习。训练10分钟。击球与截击练习如图6-14所示。

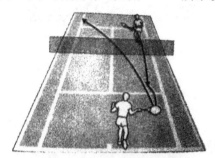

图6-13 中场得分球练习法

图6-14 击球与截击练习法

7. 击球与随球上网截击

教练在后半场送球,学员练习随球上网截击。正反手各练习5分钟,共10分钟。击球与随球上网截击练习如图6-15所示。

图6-15 击球与随球上网截击练习法

图6-16 混合式连续对打练习法

8. 截击和高压球的混合式连续对打

教练在后半场送球,交替抽击球和挑高球,学员运用截击技术和高压球技术回击。正反手各3分钟,共6分钟。混合式连续对打练习如图6-16所示。

9. 接发球

教练从底线内一大步大力发快球,学员进行正反手接发球的练习。如图6-17所示。

网球运动教程

图6-17 接发球练习法

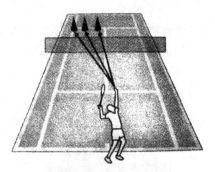

图6-18 发球练习法

10. 发球

在发球区的内角、中路、外角放置标志物，学员集中注意力，瞄准不同的标志物进行发球练习。一个位置训练10个球。发球练习如图6-18所示。

(二) 训练方法举例

1. 小场地练习法

小场地练习是最常用的热身方法，可以在较短的时间内保证多次来回击球。学员要想做好这个练习，双脚必须不停地移动来控制球拍和调整身体姿势，这对于提高击球的准确性以及球员的灵敏性、反应能力有较好的帮助。小场地练习如图6-19所示。

图6-19 小场地练习法

图6-20 打两球练习法

2. 打两球练习法

同样是小场地练习，但使用两个球，这样击球的准备时间减少了，学员不得不更专注地对待来球。这项练习对纠正引拍太大的毛病有显著的效果。打两球练习如图6-20所示。

3. 两手握拍小场地打反弹球练习法

在小场地对打中，每个球都抢反弹球来击打是困难的，只有快速而精确地移动

第六章 网球运动的教学、训练

才有可能做到这点,而且正反拍都用双手握拍,这样球拍控制的范围就很小,对脚步移动的要求也更高。

4. 两人网前、底线练习法

一人在前场截击,但只要保护单打半场就可以了;另一人在底线试图穿越网前的对手,同时要保护单打全场。网前的球员不能放小球,但可以在底线全场的范围内任意地调动对手,这样可以练就细腻的截击落点,而底线球员则可以借此锻炼跑动和破网的能力。无疑,底线球员的体力消耗会比网前球员大得多,可以规定底线球员突破达到一定次数才可以稍作休息;如果打不够数量,则必须坚持。两人网前、底线练习如图6-21所示。

图6-21 两人网前、底线练习法

(三)击球准确性训练

球员一边想象自己击出的球,一边牢牢地盯住目标,在保持良好想象的同时把球击出去。在集中注意力和提高准确性的同时,有必要对同一个目标反复练习。临近比赛时,往往会过于敏感,因此尽量不要做太多自己不擅长的打法。一般在赛前只练习自己擅长的打法,这样才能集中注意力和保证击球的准确性,达到很好的训练效果。

1. 立标志物的方式

为了在场地中保持注意力、控制力的集中和击打的稳定性,标志物不应设在边角里,而应放置在离边线30~50厘米的地方。在所有的反复练习中均以此标志物为目标击球。如图6-22所示。

2. 连续对打标志物练习法

双方都瞄准标志物进行对角线的连续对打,如果球比较低就打直线球(如图6-23所示)。一边练习5分钟。

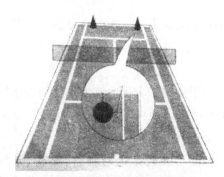

图6-22 标志物放置示意

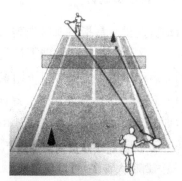

图6-23 连续对打标志物练习法

3. 发球练习中的标志物

分别在发球区的内角、中路、外角放置标志物，不断提高注意力，瞄准不同的标志物进行发球练习（如图6-18所示）。1个目标10个球，2个发球区。

第六节　网球运动教练员的基本要求

在运动训练过程中，优秀的教练员是提高运动训练质量、培养优秀运动员的关键，现代网球训练的科学化首先在于教练员的综合水平。因此，必须十分重视对教练员的培养和提高。

一、教练员的必备条件

（1）应具有一定的政治素养以及全心全意为人民服务的思想，有为我国网球事业无私奉献的精神和勇攀世界运动技术高峰的理想。

（2）对网球专业的知识、技术有较高的理论水平和组织专项教学训练的实践能力，以及结合训练工作从事科学研究的能力。

（3）掌握多门学科知识，如教育学、心理学、生理学、解剖学、运动生物力学、运动医学、运动训练学、体育理论、统计学等。这些知识掌握得越广泛、越深刻，就越有助于训练的科学化和训练质量的提高。

（4）具有优良的共产主义道德品质和严谨的作风，在各方面都要成为运动员的表率，做到为人师表。

（5）要善于了解、研究世界网球运动发展的趋势，开创研究新的技术、战术和训练方法，只有这样才能使训练工作更上一层楼。

二、教练员的主要工作

（一）运动员选材

运动员选材，是指将那些先天条件好的青少年选拔出来，进行有目的、有系统的训练，发挥他们的最佳才能，让他们取得优异的运动成绩。

网球运动员选材应考虑以下因素：

（1）体能。包括身体形态、身体机能、身体素质三个方面。它通过运动形态特征、生理系统机能及运动素养表现出来。体能是形成运动技能的基础，也是运动员竞技能力的物质基础。没有体能，竞技能力就无从谈起。

（2）技能。具有鲜明的专项特点，熟练的技能可以表现出高度的竞技能力，取得优良的竞技效果。网球运动员应掌握全面的击球技术和克敌制胜的战术。优秀选手在注意全面发展各项技能的同时，要特别注意建立自己独特的技术风格，发挥特长技术和得分手段，才能适应当今的比赛。

（3）心理能力。心理能力对运动员的活动起着调节、控制和主导的作用。应注意个性心理特征，注意心理过程所包括的集中与放松能力、自我激励能力和自我控制能力等。对学习能力所包括的理解能力、思维水平、操作能力，以及智力发育、文化程度等也应作为选材的重要因素而予以考虑。

（二）制订训练计划

科学的训练主要表现在训练的计划性方面。教练员要根据运动员的具体情况以及比赛的不同安排对未来的训练活动预先做出理论设计，在此基础上制订出多年训练计划、年度训练计划、周期训练计划、周训练计划等，以保证训练的科学性和计划性，不断提高运动员的技术水平。

（三）组织实施训练计划

训练计划是教练员组织安排日常训练工作的依据，必须严格执行，一般不能任意改变或降低要求。在实际训练中，无论计划制订得多么完善，要求多么严格，仍然有运动员由于技术原因、思想原因以及身体原因而不能按计划要求进行训练，导致不能完成训练任务。这时，教练员首先要分清是计划和教练员的问题，还是运动员的问题。如果是计划和教练员的要求不符合客观实际，教练员就应当对某些练习内容和要求做必要的调整；如果是运动员的问题，也应当查明原因，有针对性地做出妥善处理。在实施训练计划过程中要做好以下几方面的工作。

1. 认真组织好日常训练

教练员根据训练原则组织指导运动员的日常训练，在训练中应着重注意：

（1）要以身作则，言传身教。以自己认真负责的精神来激励运动员的训练积极性。

（2）要正确处理好主力队员和一般队员的关系。在技术训练上，对主力队员可以做必要的照顾，但在训练作风、组织纪律方面则必须从严要求，对主力队员的缺点绝不能偏袒迁就。

（3）对运动员在训练中出现的一些问题，教练员要热情、耐心地帮助解决，不要训斥、讥讽运动员，更不要采取加量惩罚的办法来对待运动员的缺点和错误。

（4）加强运动员的医务监督。了解运动员训练后的身体反应和机能恢复情况，是保证正常训练、提高训练效果的重要环节，这点必须引起教练员的高度重视。

2. 关心运动员德、智、体的全面发展

运动员德、智、体得到全面发展，是社会主义教育和社会主义体育的需要。青

少年阶段的运动员正处于长身体、长知识和逐步形成世界观的重要时期。所以，在进行专项训练时，还要注重运动员的文化学习、思想作风和道德品质的培养，使运动员成为社会的有用之材。

3. 努力提高运动员的理论素养

现代运动训练的实践已证明，提高运动员的理论素养，是提高其训练效果和运动能力的重要一环。在日常训练中，除应将智力训练与技术、战术训练紧密地结合起来外，还应有目的、有计划、有准备地组织全体运动员学习有关网球的基本理论知识，分析研究网球的技术、战术，及时了解网球运动发展的动向，深入研究世界优秀选手的技术、战术特点和心理特点，更快地提高运动员的竞技能力。

4. 做好资料档案工作

教练一定要重视建档工作，日积月累，持之以恒。

（1）建立文字资料档案。每次重大比赛后，要求运动员详细记录与自己比赛过的或自己观察到的优秀选手的技术、战术特点和心理特点，并通过比赛不断地加以充实修正。

（2）建立技术资料档案。做好优秀选手参加比赛的技术统计工作，为深入分析优秀选手的技术、战术特点提供必要的数据。

（3）建立录像资料档案。摄录优秀选手的比赛实况，以便结合上述两项资料进行综合分析、比较。

5. 比赛期的工作

（1）赛前工作。

1）赛前调查研究。比赛双方运动员的训练情况、技术和战术特点以及心理状况和竞技状态，是制订作战方案和决定团体比赛上场人选的主要依据。对双方队员情况的掌握，一方面靠平时的调查了解和资料积累，另一方面靠赛前的进一步摸底和观察，只有在全面了解对方实力并做出客观估计的基础上，才能制订出切实可行的作战方案。

2）制订作战方案。作战方案的制订，要贯彻以我为主、积极主动的指导思想，要贯彻从实际出发、灵活机动的战术原则。对每个队员将要遇到的主要对手进行深入细致的分析，并准备几套作战方案，通过比较，确定一种最优方案。比赛开始后，还要对主要对手进行临场观察，根据观察结果，进一步修改、补充原订的作战方案。

3）确定团体比赛的上场队员及出场安排。这一工作是和制订作战方案同时进行的。确定团体赛的上场队员，既要根据双方队员的技术、战术特点，科学安排我方的出阵人员及顺序，又要考虑我方队员当时的竞技状态和心理状态。

（2）赛中工作。

第六章　网球运动的教学、训练

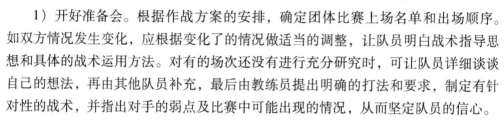

1）开好准备会。根据作战方案的安排,确定团体比赛上场名单和出场顺序。如双方情况发生变化,应根据变化了的情况做适当的调整,让队员明白战术指导思想和具体的战术运用方法。对有的场次还没有进行充分研究时,可让队员详细谈谈自己的想法,再由其他队员补充,最后由教练员提出明确的打法和要求,制定有针对性的战术,并指出对手的弱点及比赛中可能出现的情况,从而坚定队员的信心。

2）重视赛前准备活动。有些比赛失利,往往是由于赛前的准备活动不充分,没有把身体机能全面调动起来,以致上场后手脚僵硬,反应迟缓,不能很快地进入比赛状态,发挥不出自己应有的技术水平。所以,教练员要指导好上场队员认真做好准备活动。

3）注意观察队员的心理变化。教练员要密切注意了解队员的心理变化,发现队员有不良的心理变化时,应有针对性地采取相应的有效措施,做好必要的心理调节工作。

4）临场指挥。临场指挥主要是帮助运动员对场上情况迅速做出正确的判断,合理运用战术,灵活执行作战方案,充分发挥技术水平,以取得最佳的比赛效果。

5）抓好重要场次的比赛。所谓重要场次的比赛,是指在实现各个项目比赛的指标中,对我方的胜利具有关键性意义的比赛。对于这些比赛,教练员要动员一切积极因素,从可能遇到的最坏情况出发,做好一切必要的准备,加强组织指导,力争获得最好成绩。

6）及时做好赛中小结。在比赛中,队员打完一场球,无论胜负都要进行认真的小结。小结的形式和时间应根据具体情况而定,主要解决这样一些问题：检查作战方案的制订和贯彻情况,检查教练员提出的要求是否符合比赛实际,认真分析胜利或失败的原因,如何正确对待胜负。小结的目的是肯定成绩,鼓舞士气,发现问题,吸取教训,打好下一场比赛,防止队员因胜利而松懈,因失败而气馁。

（3）赛后工作。认真做好赛后的总结工作,对于提高运动员的智力水平和心理素质、改进以后的训练和比赛都有十分重要的意义。赛后总结要防止那种胜了皆大欢喜一切都好、败了悲观泄气一无是处的形而上学观点。总结的内容应是那些带有规律性的、对以后的训练有指导意义的东西。总结工作一般从下列几个方面入手。

1）完成任务的情况。

2）取得胜利的经验。

3）从挫折中吸取教训。

4）从全队技术水平和比赛作风的表现,总结、检查训练工作中的成功经验和存在的问题。

5）分析主要对手的优缺点和他们以后的发展趋势。

6）对以后的训练工作提出建议。对比赛和训练中贡献大、表现好的队员进行

表彰和奖励，对比赛中的不足也应实事求是地指出。只有这样才能鼓舞干劲、加强团结、促进以后的训练。

思考题

1. 网球教学一般分为几个阶段？各阶段的教学重点是什么？
2. 网球教学中应如何正确运用各种教学原则？
3. 网球教学中主要有哪些分组方法？各应注意什么？
4. 网球训练的方法有哪些？
5. 熟悉球感的练习方法有哪些？
6. 如何练习对墙正反手底线击球？
7. 试准备一堂训练课。
8. 网球训练对教练员的一般要求有哪些？

第七章　网球比赛的编排方法、裁判法

> 【内容提要】本章主要介绍网球比赛的一般编排方法和裁判法。包括网球竞赛的制度、裁判长职责、主裁判职责等内容。

第一节　网球比赛的编排方法

竞赛规程是比赛的指导性文件。竞赛规程包括竞赛日期、地点、项目、参赛单位、参加人数、年龄规定、报名办法、比赛办法、竞赛规则、录取名次、计分方法、裁判员及其他有关特殊规定等内容。在制定规程时，必须精心设计规程的各项内容；在确定比赛办法时，既要考虑比赛的目的要求，又要注意避免运动员竞赛负担过重；在安排比赛场次时，要考虑节假日的情况，尽量把半决赛和决赛安排在周六或周日进行。

抽签完成后，要具体安排整个比赛每一天的比赛场次、时间和场地等。在制定赛程表时，应考虑网球运动员的负荷量及先单打后双打的原则。在头几轮比赛中，应采用紧跟前场的方法安排比赛秩序。即一个场地上几场比赛，只限定第一场的开赛时间得到充分利用，使比赛连续进行。在半决赛和决赛时，可采用限定比赛开始时间的方法进行安排，这样既有利于运动员的充分休息，又能为观众提供较准确的比赛时间和电视转播时间，使其有选择地观看比赛。

一、国际上一般采用的编排方法

国际上的网球比赛除戴维斯杯和联合会杯为团体赛外，大多数国际网球赛基本上是单项比赛。由于参赛运动员多、场地少，但又需要在短时间内决出冠亚军，所以多采用单淘汰制。

（一）单淘汰制的抽签办法

当参加比赛的运动员人数是 2、4、8、16、32、64、128 等 2 的乘方时，可按下列格式，采用累进的淘汰制进行比赛。若人数多于 128，则增加预选赛。

当参加比赛的运动员人数不是 2 的乘方时，第一轮将有"轮空"。其目的是使

运动员在第二轮中形成一个"满档",即2的乘方数,这样比赛才能顺利进行,一直到最后两名运动员参加决赛。

"轮空"数的计算方法是:所选定的号码位置数减去参加比赛的运动员人数。例如,有27名运动员参赛,则选32个号码位置数,其中有5个号码是"轮空"的。与这5个号码相遇的运动员,将直接参加第二轮比赛,然后他们与参加第一轮比赛的11位优胜者形成2的乘方数(16)。

"轮空"先从两端开始,然后移向中间。第一个"轮空"先从下端开始,第二个"轮空"从上端开始,依此类推,交替进行下去。如果有27名运动员比赛,就需要在31、2、29、4、27号码位置上安置"轮空"。这是中国网球协会批准的在任何国家、地区或区域性的锦标赛分配"轮空"的正式办法。

(二)种子选手的确定与排列以及如何安排种子选手

根据中国网球协会比赛规程规定,应依据前一年同一比赛的名次确定种子选手。在被批准的比赛中,每4~8人有一名种子选手,但种子选手最多不得超过16人。如果种子选手不足,则有多少算多少,其他人由抽签来决定其位置。双打时如非原配对,则不得当种子选手,除非另有明确标准。

除1、2号种子选手外,其他种子选手的位置凭抽签来决定。1号种子选手安置在最上端,2号种子选手安置在最下端。如果抽签决定3号种子选手在上半区,那么4号种子选手的位置就应放在下半区;若3号抽在下半区,则4号应抽入上半区。其余种子选手的位置,也应根据这一原则分别抽签。

国家的、地区和区域性的锦标赛,其种子选手与"轮空"的分配,均应按上述规定进行。

(三)种子选手的号码位置与抽签

16名运动员抽签,有2名种子选手时,1号种子选手安置在1号位置上,2号种子选手安置在16号位置上。32名运动员抽签,有4名种子选手时,1号种子选手在1号位置,2号种子选手在32号位置;3、4号种子选手抽签决定第9和第24号位置。64名运动员抽签,有8名种子选手时,1、2号种子选手安置在第1和第64号位置上,第3、4号种子选手抽签决定安置在第17与第48号位置上,第5、6、7、8号种子选手抽签决定在第9、56、25与40号位置上。128名运动员抽签,有16名种子选手时(用第64号位置抽签表两份,一份在上,一份在下,以U代表上表,L代表下表),1、2号种子选手安置在U-1与L-64(或128)号位置上,3、4号种子选手抽签决定在U-33与L-32(或96)号位置上,第9、10、11、12、13、14、15、16号种子选手抽签决定在U-9、L-56(或120)、U-25、L-40

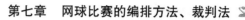

第七章　网球比赛的编排方法、裁判法

（或104）、U-41、L-24（或88）、U-57和L-8（或72）号位置上。如果在第二张表上重新编号，括号里的数字可使用65～128。

（四）非种子选手的号码位置与抽签

抽签应先抽种子选手，后抽非种子选手，一旦将种子选手填写在位置上，并注明哪些号码位置代表"轮空"时，即可进行非种子选手抽签。此时，可将所有剩余运动员姓名，按照抽签顺序，经抽签后填入剩下未经占据的号码位置上。

当采取上述抽签程序后，出现同一个队、同一地区或同一国家的运动员被抽入同一1/4区时，竞赛委员会有权决定将同队第二名运动员安置在下一个1/4区的相同位置上。

二、其他编排方法

（一）单循环制

若报名人数较少，场地较多，比赛日期较长，各队（人）均要求和其他队（人）进行比赛，这样可以多打几场，以丰富比赛经验。各队全部参赛队员出场比赛一次称为"一轮"，循环赛每轮比赛场数是相等的。

轮数和比赛场数的计算方式如下。

（1）轮数计算。队（人）数为双数时，轮数等于队数减1；队（人）数为单数时，轮数等于队数。

（2）比赛场数计算。比赛场数 = $N(N-1)/2$（N代表队数或人数）。计算轮数和比赛场数的意义在于，它使比赛组织者能够在筹备比赛时，根据场地数计算出比赛轮数和场数，就可以估算出比赛要多少天打完以及需要多少裁判人员。

（3）比赛顺序的确定方法。一般采用逆时针轮转法。该轮转方法是先将1号位置固定不动，第一轮次序是将比赛队数的前一半号码依次写出，排在左侧，再将后一半号码从下向上依次写出，排在右侧，并用横线连起来即可。第二轮次序的轮转方法是1号固定不动，其他号码按逆时针方向轮换一个位置，即可排出。第三轮次序按第二轮次序的位置，逆时针轮换一次。依此类推，可排出其他各轮比赛的秩序。

如进行团体赛，可由两场单打、一场双打组成，采用3场2胜制；或可由4场单打、一场双打组成，采用5场3胜制。每场可采用3盘2胜或5盘3胜制。

（4）决定名次的方法。单循环制按获胜场数多少决定名次，如积分相等，则按净胜盘数；若仍相等，则按净胜局数；再相等，则按净胜分数决定名次。

（二）分组循环制

第一阶段先分几个小组进行单循环赛，然后第二阶段各组同名次的队（人）进行单循环赛，排出全部名次。

（三）混合制

在一次竞赛的不同阶段，分别采用循环制和淘汰制两种方法，称为混合制。采用这种制度时，要把比赛分为2个或3个阶段。第一阶段采用淘汰制，后面则采用循环制；反之亦然。

第二节　网球比赛的裁判法

比赛时如设裁判员，裁判员的判定就是最后的判定；如设有裁判长，运动员对裁判员涉及有关规则的判定有异议时，可提请裁判长解决，裁判长的判定就是最后的判定。

比赛中设有司线员、司网和脚误裁判员等辅助人员时，对于具体发生的事例，他们的判定就是最后的判定。如果裁判员认为是明显误判，他有权纠正辅助人员的判定或判令该分重赛。当辅助人员不能做出判定时，应立即向裁判员示意，由裁判员做出判定。如裁判员对于具体发生的事也不能做出判定时，可判令该分重赛。

在团体赛中，球场上的裁判长有权更改任何判决，他还可以指示裁判员判该分重赛。

裁判长认为因天色黑暗或因场地、气候等条件不能继续比赛时，可令比赛停止。补赛时双方运动员原有比分和原站方位仍然有效。

下面详细介绍裁判长、主裁判员、司线员、网上裁判员、脚误裁判员的职责及其注意事项。

一、裁判长职责

（1）裁判长应由竞赛委员会推选，裁判长的名字应由竞赛委员会发布公告，通知参加比赛的各单位。裁判长不应是官员，而应是竞赛委员会的成员。

（2）裁判长必须精通规则和实施运用规则，要能迅速做出决断，并对其所采取的行动负完全责任。

（3）裁判长有权指定或更换裁判员、司线员、底线裁判员和网上裁判员。

（4）如果一场未进行完的比赛需重赛，裁判长可以在征得比赛双方的同意后，做出仲裁或继续比赛的决定。

第七章　网球比赛的编排方法、裁判法

（5）裁判长有权指定比赛的场地，有权决定请假运动员在限定日期比赛，有权决定无故不出场比赛的运动员和到比赛规定时间仍然不准备出场比赛的运动员为负方。

（6）由于光线或场地、气候条件等原因，裁判长可以随时决定延期比赛。

（7）当裁判员表示自己不能裁决时，裁判长可以根据规则条文决定任何得分。裁判长的决定是最后的判定。

（8）当进行一场重要比赛时，裁判长必须亲临现场，最好是坐在裁判椅旁边。他应当目睹整个赛程，以事实作为判决问题的依据。裁判长无权纠正裁判员、司线员、底线裁判员或网上裁判员根据实际情况做出的判决。

竞赛委员会应在现场维护比赛的正常秩序，并对比赛中发生的任何问题做出决定。若判决出现分歧，可以组织裁判或任何两个竞赛委员会成员开会，在听取当事运动员申诉后，撤销竞赛委员会某一成员或某一裁判员对其处分的决定。竞赛委员会成员在现场可组成一个符合法定人数的审议小组。

二、主裁判员职责

（1）比赛开始前检查球网和支柱的高度是否合乎标准。如果运动员提出请求，裁判员可以在比赛期间对网高进行测量和调整。

（2）宣报"发球失误、重发球、出界、击球犯规、脚误和两跳"，以及执行除授权给司线员、脚误裁判员和网上裁判员以外的判罚。亦可重复其判决。

（3）先在记分表上登记胜方的得分，然后在运动员请求报分时报分。

（4）每一局和每一盘比赛结束后应报局数分和盘数分，或运动员请求报局数分和盘数分时亦应报分，并登记在记录表上。

（5）当运动员在对打过程中对某一个球是否在"界内"表示疑问时，裁判员可以说"好球"；但如果裁判员宣布"出界""失误""重发球""两跳""击球犯规"或"穿网球"时，运动员不应再有这样的要求。

（6）如果运动员对司线员的判决表示怀疑或发生争执，裁判员应做出得分的判决；如果运动员向裁判员提出申诉，则裁判员应按规则做出得分判决。在特殊情况下需要用新球或更换球时，在得到裁判长同意后，裁判员方可做出决定。

（7）休息时间结束时，裁判员应立即恢复比赛。

（8）裁判员在每局比赛开始时，应说明可能发生影响比赛的情况。

（9）裁判员在比赛结束时应填写记分表，将其送交竞赛委员会有关人员批准并保存。

如果对司线员或脚误裁判员的判决有异议，裁判员可根据实际情况做出自己的判决，更正司线员或脚误裁判的判罚，即为最后的判决。但一定要慎重，最好在确

定无疑的情况下才进行改判,而且要和司线员和脚误裁判沟通好。这种情况下,运动员不得请求复议。如果裁判员怀疑该分的判决,或某一方运动员对该分的判决提出疑问,裁判员认为有必要的话,可请裁判长对该问题做出最后决定。所提的问题应与该场比赛有关,应是在比赛中发生的与解释和运用规则有关的实际问题。

运动员可以向裁判长请求更换该场比赛的裁判员或司线员。主裁判不能命令更换任何司线员,他只能得到裁判长的允可后采取某些行动。

当裁判员检查球网高度时,其裁判职责就开始了。当运动员做准备活动时,裁判员要环视一下赛场周围,看看担任该场裁判的其他成员是否就位。如果发现有人缺席,应立即向裁判长或裁判委员会报告;若需要的话,可暂停比赛。

当运动员3分钟的准备活动结束时,裁判员应向观众介绍运动员;如是团体赛,应报某队与某队比赛,并宣布采用的赛制。接着报第一局某某先发球,司线员准备、球童准备、运动员准备、比赛开始。

报分时应先报发球员一方的分数,平分后要报"发球占先"或"接发球占先",不能用其他术语报分。

报分时应按照下列方法报:"一局结束,某某胜;第一盘,局数4:2,或第一盘,局数4平。"

报盘数分时应按照下列方法报:"第三盘结束,局数6:4,盘数2:1,某某领先。"

一场比赛结束时按下列方法报:"比赛结束,某某胜。盘数2:1,比分2:6,6:3,6:4。"

在报盘分时,宣布该场比赛获胜者的局分。

如果运动员在球第一跳后没有及时打到球,应宣布得分。如果司线员人数不多,则裁判员应担负判定各线的失误和出界等职责。如果没有设脚误裁判员,则裁判员也应负责判定。

由于客观原因在比赛暂停后返回球场时,裁判员应检查一下司线员是否就位,运动员是否位于球场上正确的位置,发球顺序是否正确,等等。

如果遇到运动员自己不能控制的情况,裁判员认为有必要的话,可以暂停比赛,但是要小心谨慎地予以处理,对故意的"延误"应从严处理。

裁判员可以根据当时的光线、场地和气候条件推迟比赛,推迟比赛须经裁判长批准。

比赛结束时,裁判员应宣布最后比赛结果,并在记分表上签字,将其交给记录处或被指定的收表人。

裁判椅应置于球场中间,距网柱1.2~1.5米远的地方;司线员的椅子要对着各自所负责裁判的线;脚误裁判应距球场3~5米;其他司线员应紧靠着挡网和布

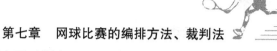

第七章 网球比赛的编排方法、裁判法

幕,位于球场尽可能远的地方。司线员不应面对阳光。

三、司线员职责

(一) 总则

司线员的职责是报发球失误和出界,判决他所看管的那条线上的出球,并有最后决定权。如司线员不能做出决定时,裁判员应予判决,或令该球重发。

司线员接受裁判长或裁判委员会的指派。只有裁判长一人有权更换司线员。

司线员应准时到达比赛场地,就位后未经裁判员许可,或另一名司线员替代其职务之前,不得擅自离开岗位(运动员休息时除外)。在比赛时,司线员不能吸烟和随意走动,应尽量保持安静,因为任何移动都会干扰运动员。如果司线员认为自己所处位置妨碍运动员击球,他可以暂时移动一下位置,尽一切努力给运动员让路。司线员不应到场外给运动员捡球。这个工作应让捡球员来做,如没有捡球员,则运动员自己捡球。

司线员应该有敏锐的观察力。比赛中,大部分球比较容易判断,但有时也会遇到很难判断的球,这就要考验司线员的机警和判断能力。"比赛时眼睛始终要盯住球",这是司线员的座右铭。司线员必须记住,一个球落到线上,就应当被认为是落在球场之内。

司线员有以下分类:①发球中线司线员——负责中线;②边线司线员——负责指定给他看管的那条边线;③底线司线员——在不设脚误裁判员时,负责指定给他看管的那条底线。

(二) 手势

手势被公认为司线员职责的组成部分。但是,手势绝不能用来代替宣判,手势只是司线员确定宣判的一个附加动作,对于大声宣布来说,手势应被看成是第二位的。用正确术语进行宣布则是司线员或裁判员首先要做到的。

手势有以下几种:

(1) 出界手势。手臂向外伸,与肩同高,指着球出界的方向。如果球落到场外司线员的左侧或右侧,司线员随即根据情况适时地伸出左臂或右臂,同时宣布"出界"或"失误"。负责发球中线司线员应视情况伸出左臂或右臂,这要根据发球区在哪一侧来决定。位于裁判员侧的底线和发球线司线员是伸左臂还是右臂,要根据其在球场的位置来确定。

(2) 发球手势。张开手掌,接近地面上下移动。当裁判员或运动员对该球表示怀疑并要求司线员对该球有所表示时,司线员才能做出"好球"的手势。

(3)视线被遮手势。当一个球落地时,球场上的线被遮挡,如果司线员不能判决该球是"好球"还是"出界球",这时他可用"视线被遮"手势——一只手在眼前晃动,起立,使裁判员看到他所处的位置。

(三)更正判决

由于口误或来球过快,司线员觉得其所作判决是错误的,这时他必须变更其判决。如果司线员已经宣布"出界球",但又立即意识到这是一个"好球",这时他应马上站起来向裁判员喊"更正";如果裁判员或司线员在发球员第二次发球时错判了"发球失误"或"出界球"并更正了共同判决,这时应判重发球,并给予发球员两次发球权,即裁判员可决定这一分球重赛。

四、网上裁判员职责

网上裁判员应坐在网柱旁靠近裁判员的地方,遇到擦网球则应报"擦网",遇到球穿过网孔则应报"穿网球"。

网上裁判员为了防备可能发生的差错,应复述比赛的报分,并与裁判员核对,另外还要登记所更换的球。

当运动员做发球的抛球动作时,网上裁判员应将手置于球网网绳上面,但不应把腿和脚伸到球场内。运动员发完球,网上裁判员应马上悄悄将手从网上收回。

五、脚误裁判员职责

脚误裁判员应正对底线而坐,发球时他可以从一边换到另一边,但不得和底线司线员谈话。脚误裁判员在判决犯规时必须大声宣布,使全场都能听到。他应非常熟悉脚误的规则,只有在确定运动员发球时脚的位置违反规则时,他才能宣布脚误。一边看着运动员的脚下动作,一边听球拍击球的声音,用这种方法能够合理而精确地判断运动员发球时是否有脚误。

六、裁判员和司线员注意事项

裁判员的裁判原则:在"活球"期间眼睛要盯住球,思想要高度专注于比赛。对所有的判决和报分,声音要响亮清楚。除以下情况外,裁判员不做宣布:发球失误、脚误、在"活球"期内球被打出场外、球被打在网上、任何一方运动员击球犯规、球弹跳两次后打球、因外界干扰比赛裁判员宣布"重发球"。

(一)裁判员在得到司线员协助时使用的术语

当第一次发球失误,裁判员重复司线员宣布的"失误"。

第七章 网球比赛的编排方法、裁判法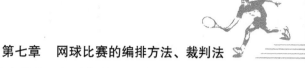

当第二次发球失误,司线员再宣布"失误",这时裁判员不应报"双误",而是直接报比分。

当发出擦网进区球时,网上裁判员宣布"重发球",裁判员应重复"重发球"。

如果球被连击两次、球在过网之前被拦截、在"活球"期内运动员用任何方式触网、在"活球"期内运动员的衣服或佩戴物触网、运动员衣服或佩戴物落入对方场区,则宣布"击球犯规"。当司线员宣布"出界""脚误"或"重发球"时,裁判员只是重复其宣布的术语,而不要增添术语的用词,也就是不用报"已被判脚误"等类似语言,只是重复司线员所宣布的术语即可。

遇到一方得分或失分时,该比分就应登记在记分表上,然后宣布比赛得分,要始终把发球员的得分报在前面。例如,15∶0、15平、15∶30、30平、40∶30、平分(不得报40平,也不得说"各15"或"各30")。宣布"发球占先"或"接球占先"时不能报"击球员占先"。

裁判员单独工作而没有司线员协助时,他自然应承担在其裁判椅上力所能及的某些司线员的职责。

(二) 司线员对如下问题有直接宣布和判决的职责

(1) 关于发球。如果第一次发球宣布"失误",第二次发球仍报"失误",而不报"双误"(裁判员报比分)。

(2) 一个球被打到场外,则宣布"出界",而不报"界外""界外球"等。

(3) 当发出擦网进区球时,宣布"重发球",而不报"擦网球"。

(4) 脚误裁判员(若没有设脚误裁判员则由底线司线员兼任)对每一次犯规动作可宣布"脚误"而不报"第一次发球脚误"或"第二次发球脚误"。

司线员意识到他所做的判决不正确时,应立即宣布"更正判决",并使裁判员看到他所处的位置。司线员的视线可能被运动员所阻挡,以至于他不能对靠近他的线做出判断,他应立即起立,用一只手在眼前晃动,同时宣布"视线被遮"。这时,裁判员应根据规则做出相应决定。如果按照发球司线员所宣布的"失误"进行登记,则对网上裁判员所宣布的"重发球"应予否决。

思考题

1. 网球运动的竞赛制度一般有哪几种?各有什么优缺点?
2. 裁判长的主要职责是什么?
3. 主裁判的主要职责是什么?
4. 司线员的主要职责是什么?

第八章 其他形式的网球运动

> 【内容提要】本章介绍了其他形式的网球运动。包括软式网球、短式网球、轮椅网球和沙滩网球等。

第一节 软式网球

一、软式网球的发展概况

1878年（日本明治十一年）10月，日本政府聘请美籍教练雷朗德（G. A. Leland）来日本担任为培养体育专门教练所设立的体操研习所网球教练，这是网球运动在日本发展的开端。后来，体操研习所移交东京高等师范学校（现在的东京教育大学）管理，该校毕业生到全国中学、高校就职，均以教授网球为职责。因此，网球运动在日本得以普及。

由于当时日本国内尚无自制球具的能力，因此全部网球用具必须依赖进口（尤其是球），所以很难深入开展这项运动。东京高等师范学校经过多年研究，终于制造出一种橡皮球，这就是软式网球的雏形。后来经过进一步创新，终于完成自创的软式网球，并逐渐在日本全国各地普及。

二、中国软式网球的发展史

1986年4月，软式网球运动进入中国。当时，日本东京女子体育大学与沈阳体育学院建立校际关系，软式网球作为两校的交流项目而被引进中国。1986年下半年，在国家体委有关部门的重视与扶植下，软式网球运动在全国部分体育院校迅速得到开展。从此，软式网球不仅在我国扎了根，而且不断地成长、开花、结果。

1987年4月，我国成立了中国软式网球协会，原国家体委副主任张彩珍任该协会的主席。在中国软式网球协会的倡导与推动下，软式网球运动得到了迅速普及，运动技术水平也得到很大的提高。1987年8月20—25日，在昆明海埂训练基地举行了首届全国软式网球邀请赛和中日大学生软式网球对抗赛。参加本届比赛的有北京体育学院、沈阳体育学院、武汉体育学院、成都体育学院、天津体育学院、北京

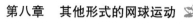

第八章 其他形式的网球运动

体育师范学院等单位的 121 名运动员，进行了男女团体和男女单项（双打）比赛，并选出优秀运动员联合组成中国大学生代表队与日本大学生队进行了对抗赛。这次比赛交流了技艺，锻炼了队伍，培养了裁判，为我国软式网球运动的进一步发展奠定了基础。

中国软式网球协会决定，从 1987 年开始，以后每年举行一次全国软式网球锦标赛，到 1994 年共举行了 8 届。为了增加各队运动员间的球技交流机会，迅速提高运动技术水平，从 1995 年开始，又增设了全国青少年软式网球锦标赛和全国软式网球冠军赛两次赛会，这些举措为我国软式网球的进一步发展和软式网球运动水平的提高创造了良好的条件。

中国软式网球协会为促进软式网球的发展，还采取了"请进来、走出去"的方法，与各国运动员进行广泛交流。例如，经常派出教练赴日受训，经常聘请日本专家来我国讲学、任教。这些活动使得我国的软式网球教练水平不断提高，运动技术水平也不断地上升。在第 10 届世界软式网球锦标赛上，我国男单取得第 3 名，女单取得冠亚军的可喜成绩，充分显示了我国软式网球运动的普及和技术水平的提高。

三、软式网球规则简介

软式网球采取由负责发球与地面击球为任务的后卫，与担负近网战术任务的前锋所组成的二人双打制。发球区与接球区中央以球网隔开，将球场分成两部分，用球拍打球时须在发球区与接球区四周的界线内击出不落地球或弹跳一次的球，是一种根据得分与失分决定胜负的球赛。

开赛前以猜拳方式决定发球方与接球方。主审一声"预备"令下，比赛双方各就各位，由主审点名后开始比赛。

软式网球比赛分为团体赛和单项赛，团体赛共设 5 盘比赛，第 1、3、5 盘为双打，第 2、4 盘为单打，先赢 3 盘者胜；单项赛分为单打和双打。单打为 7 局 4 胜制，双打为 9 局 5 胜制。一局的胜负，以先取得 4 分者胜利；若双方各得 3 分时，以后来连得 2 分者为胜方。

发球与接球于每局胜负决定后互换一次，换场则于奇数局完了后互换。软式网球虽是前锋与后卫各司其职的比赛，但如果两者有良好的默契能抢得先机，极可能因两人天衣无缝的合作而赢得比赛。

四、软式网球的特点

（1）软式网球运动老少皆宜，人人都能参与。

（2）软式网球爱好者不但要承袭源远流长的传统的英人风范，还要注意由日本人自创时所制定的正确礼仪、合格的球场、比赛时的礼节、应遵守的规则及标准服

装等细节,这都是其他运动所没有的。软式网球除了追求技术的切磋与比赛的胜负外,还重视视觉效果和精神享受。

(3) 软式网球"跑"与"打"的动作是人类最基本的动作形式。除了"跑"以外,软式网球还包括前后左右不同方向和速度的步伐移动,而且从比赛开始到结束都必须保持正确的动作。

为了能有效控制球的方向与速度,腕力、重心移动、脚步、腰力、臂力均须保持平衡才能达到完美的控球目的。因此,长期从事软式网球运动,能有效提高身体素质,增进健康。

第二节 短式网球

短式网球是一种缩小网球场地和运动器材比例的儿童网球。它包括网球技术战术的全部内容,适合5岁以上儿童进行网球训练。

短式网球是在世界网球运动高速发展时期,在"启蒙小、成材早"趋势下产生的一种新型体育运动。它起源于20世纪70年代后期的瑞典,开始时是一种儿童娱乐游戏,后来经过专家不断改进,逐渐发展成有专门理论、训练器材、竞赛规程的体育运动。1990年,国际草地网球协会正式认可并接受短式网球为发展规则项目。近年来,国际网球联合会在国际范围推出了"小学短式网球推选计划",美国职业网球协会也对这项运动开展了宣传活动。目前,短式网球是国际上普遍认可的儿童网球训练方法与手段。

一、短式网球的场地标准

短式网球球场面积只有正规网球场地的1/3大小,其标准为长13.4米、宽6.1米,端线至挡网不少于4米,场地之间间隔2米。网与中线于中点垂直,场地呈扁"田"字形。端线后挡网不低于3.5米,侧挡网不低于2米。网柱高0.85米,网长7米,球网中央高0.8米,网柱之间长7米(可用羽毛球网)。场地使用沙土、水泥、木板、沥青、塑胶等均可,但表面须平整。

短式网球场一般设在室内或防风条件较好的地方,也可建在透明度好、价格便宜的建筑棚内(屋脊高8~10米,边墙高2米)。

短式网球球拍与成人网球球拍形状一样,但重量更轻、体积更小。其长度一般分47厘米、49厘米、55厘米三种,重量与长度成正比,在140~160克(成人球拍长70厘米、重270~350克)。儿童要根据年龄和力量条件选择合适的球拍,宁轻勿重,切忌使用超负荷的或成人球拍参加训练。

短式网球的球是用泡沫塑料制成的,直径7厘米,重14.5~15克(正规网球

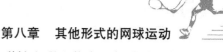

直径 6.4～6.7 厘米，重 57～59 克），具有良好的弹性和飘飞能力，行进时空气对球的阻力较大，飞行轨迹稳定，落地后前冲力小，便于控制。

二、短式网球规则简介

短式网球的比赛规则近似成人网球比赛规则，但计分方法不同。单打、双打、混合双打采用 11 分计分制。每局比分 10∶10 时，须有一方连续胜 2 分为该局的胜者。根据年龄、性别可采用 3 局 2 胜或 5 局 3 胜制。

比赛进行时，只可一次落地击球或者凌空击球。第一次发球落网、出界、错区或错区站位、脚误，可进行第二次发球。两次发球失误即失 1 分。第一次发球触网落在有效区域内，可进行第二次发球。发球从右区向左区各完成 1 分发球后，发球权转至对方。对方也从右区发球，再发左区。如此依次轮换进行，直至 1 局比赛结束。第二局或决胜局比赛的发球顺序按每局比赛结束时的顺序顺延。比赛时允许高手或低手发球。接发球只能一次落地后击球，两次落地或凌空击球均判失分。

比赛时，双方积分至 8 分或 8 分的倍数时，运动员须交换场地继续比赛，原比分有效，发球顺序不变。交换场地或比赛中途，运动员不得休息，只有一局比赛结束后，运动员可休息 90 秒。比赛中，教练员只有在每局比赛结束时允许有 90 秒的指导时间。

双打与单打发球规则顺序一致，每人限定两分发球权，发球者按站位由右至左轮换，一方发球结束后，不许中途调换站位。比赛积分至 8 分或 8 分的倍数时，双方交换场地继续比赛，其要求与单打相同。比赛进行中，如果碰及场内一切设置物均判击球者失分。

第三节　轮椅网球

一、轮椅网球的历史沿革

1976 年，美国人发起轮椅网球运动。1988 年，国际轮椅网球联合会（IWTF）成立。在 1988 年第 8 届韩国首尔残奥会上，轮椅网球首次成为表演项目；在 1992 年第 9 届巴塞罗那残奥会正式成为比赛项目。轮椅网球比赛，一般是在 2 名或 4 名下肢丧失运动能力的运动员之间进行，四肢瘫痪、下肢残疾且上肢截肢的运动员也可参加。

二、轮椅网球的项目特征

轮椅网球运动员必须有医学诊断的永久性运动功能残疾。不同残疾程度的运动

员必须坐在轮椅上进行比赛。

三、轮椅网球的规则简介

比赛开始前，主裁判员用掷钱币的方式进行选择，胜方有发球权或有权选择场地。选择发球或接发球者，应让对方选择运动员场区；选择场地者，应让对方选择发球或接发球，还可以要求对方做出上述中的其中一个选择。

轮椅网球项目规则与网球规则基本相同，主要区别有以下几点：轮椅被认为是身体的一部分，所有涉及有关运动员身体的规则对于轮椅都适用；在整个发球过程中，发球员轮椅的轮子不能触到除了中心标记的假定延长线和边线之间以及端线后面围成的区域以外的其他区域；比赛过程中，运动员不得接受教练员的指导，轮椅网球运动员在比赛时允许球落地两次，运动员必须在球第三次落地前回击，第二次落地可以在界内也可以在界外。

第四节　沙滩网球

世界最热门的新兴运动项目沙滩网球，融合了排球的趣味性和社会性，以及网球的快节奏。沙滩网球可以让你体会到难以想象的激情和时尚。沙滩网球的主要场地是在沙滩上，还可以在沙土、草地、硬木甚至是雪地等其他场地。和网球相比，它简单易学，只要打过平台网球或羽毛球，就会打沙滩网球，所以老少皆宜。沙滩网球兼具竞争性和娱乐性。2014年5月，首届中国沙滩网球赛在武汉举行。

一、沙滩网球的发展历程

沙滩网球诞生于2000年，它是融合了网球和沙滩排球的一项全新运动。2002年，首届国际沙滩网球赛事在荷属阿鲁巴岛举行，参赛者大多是来自世界各地的游客。如今，沙滩网球这项新兴运动在网球运动发展较好的国家和地区非常火热，越来越多的青年人奔向沙滩，在阳光下享受这项运动所带来的快乐。

国际网联于2008年正式启动国际网联沙滩网球巡回赛，参赛球员经过国际网联认证，成为沙滩网球选手，并通过赛事积分系统，进入国际网联沙滩网球选手排名，并定期公布赛事。该赛事自2008年发展至今，世界著名城市争相举办沙滩网球巡回赛。

二、沙滩网球的规则简介

沙滩网球除了场址要求有些特殊以外，其规则与普通网球相似。每队2～4名运动员要前后拦击球，不让球反弹。每队允许击球一次，当球击至外线或者触及地

第八章 其他形式的网球运动

面,对方计 1 分。沙滩网球使用的是经特殊设计的球拍和低压球,这样很容易增加打球的回合。

思考题

1. 除正式网球运动以外,还有哪些其他形式的网球运动,它们各自有什么特点?
2. 简要说明轮椅网球运动和正式网球运动的区别。

网球运动教程

附录一　网球竞赛规则（2016）

1. 场地

网球场地为长方形，长度为23.77米（78英尺），单打比赛的场地宽度为8.23米（27英尺），双打比赛的场地宽度为10.97米（36英尺）。

场地由一条球网从中间处分隔开，球网悬挂在网绳或金属绳上，附着或绕在1.07米（3.5英尺）高的两根网柱上。球网应充分伸展开，填满两个网柱之间的空间，网孔的大小应确保球不能从中间穿过。球网中心的高度应为0.914米（3英尺），并用中心带向下绷紧固定，网绳、金属绳和球网的上端应当用一条网带包裹住，中心带和网带均应完全为白色。

- 网绳或金属绳的最大直径为0.8厘米（0.33英寸）。
- 中心带的最大宽度为5厘米（2英寸）。
- 球网两侧的网带宽度应当在5厘米（2英寸）至6.35厘米（2.5英寸）之间。

双打比赛中，每侧网柱的中心应距双打场地的外沿0.914米（3英尺）。

单打比赛中，如果使用单打球网，每侧网柱的中心应距单打场地的外沿0.914米（3英尺）。如果使用双打球网，那么球网要用两根高1.07米（3.5英尺）的单打支柱撑起，每侧单打支柱的中心距单打场地的外沿0.914米（3英尺）。

- 网柱的边长/直径不应超过15厘米（6英寸）。
- 单打支柱的边长/直径不应超过7.5厘米（3英寸）。
- 网柱和单打支柱不能高出网绳2.5厘米（1英寸）以上。

球场两端的界线称为底线，两侧的界线称为边线。

在两条单打边线之间画两条距球网6.40米（21英尺）与球网平行的线，这两条线称为发球线。球网每一边的发球线和球网之间的区域，被一条发球中线分成相同的两部分，称为发球区，发球中线应当和单打边线平行并且与两条边线的距离相等。

每一条底线都被一条长10厘米（4英寸）的中心标志分为相等的两部分，中心标志要画在场地内并且和单打边线平行。

- 发球中线和中心标志的宽度为5厘米（2英寸）。
- 除底线的最大宽度可以为10厘米（4英寸）外，场上其他线的宽度均应介于 2.5 厘米（1 英寸）和 5 厘米（2 英寸）之间。

场地的所有测量都应以线的外沿为基准，场地上所有线的颜色必须相同，并且和场地的颜色有明显的区别。

2. 永久固定物

场地上的永久固定物，不仅包括后挡板、侧挡板、观众看台和座位、场地周围和上方的所有其他固定物，而且还包括处于各自规定位置的主裁判、司线员、司网裁判和球童。

在使用双打球网和单打支柱的场地上进行单打比赛时，网柱、单打支柱外侧的球网部分属于永久固定物，而不能视其为网柱或球网的一部分。

3. 球

网球规则中批准的比赛用球必须符合规则附录的具体要求。

国际网联负责裁决某种球或模型是否符合附录的标准，以及是否可以批准用于比赛。国际网联既可以主动做出此类裁决，也可以根据相关方的申请裁决，包括运动员、器材生产厂商、国家网球协会或其会员等。此类申请与裁决应当按照国际网联相应的审查与听证程序来进行。

赛事组织方必须在赛前公布：

（1）比赛用球的数量（2个、3个、4个或6个）。

（2）换球方案。如果换球，可采用以下方式中的任何一种。

1）规定某单数局结束后换球。在这种情况下，由于热身活动用球的原因，比赛中第一次换球必须比规定的局数提前两局进行。平局决胜局在换球时算作一局，平局决胜局开始前不应换球。在这种情况下，换球应当推迟到下一盘第二局开始前。

2）在每盘开始前换球。如果球在活球期破裂，这一分应当重赛。

判例：如果在一分结束后发现球变软，这一分是否应重赛？

答案：如果球只是变软而没有破裂，这一分不应重赛。

注：在按照网球规则进行的比赛中，任何用球都必须是由国际网联发布的已被列入官方目录的批准用球。

4. 球拍

网球规则中批准的比赛用拍必须符合规则附录的具体要求。

国际网联负责裁决某种球拍或模型是否符合附录的标准，以及是否可以批准用于比赛。国际网联既可以主动做出此类裁决，也可以根据相关方的申请裁决，包括

运动员、器材生产厂商、国家网球协会或其会员等。此类申请与裁决应当按照国际网联相应的审查与听证程序来进行。

判例1：球拍击球面是否允许有一套以上的拍弦？

答案：不允许。规则中提及只能有一组交叉弦。

判例2：如果弦穿在了一个以上的平面上，是否可以认为拍弦是大体一致和平整的？

答案：不可以。

判例3：减震器是否可以装在拍弦上？如果可以，应当装在什么位置？

答案：可以，但只能装在交叉弦外侧。

判例4：在一分未结束时，运动员的拍弦意外断裂，他可以用这把球拍继续比下一分吗？

答案：可以，但赛事组织方特别禁止的除外。

判例5：在比赛中的任何时候，运动员可否使用一把以上的球拍？

答案：不可以。

判例6：可以在球拍内嵌入会影响击球特性的电池吗？

答案：不可以。比赛中禁止使用电池、太阳能电池或其他类似的能产生能源的设备。

5. 局分

（1）常规局。在常规局的比赛中，应首先报发球运动员的得分。计分如下：

无得分——0

第一分——15

第二分——30

第三分——40

第四分——本局比赛结束

若两名运动员/队都得到3分，则比分为"平分"。"平分"后如果一名运动员/队得分，则比分为"占先"；如果"占先"的这名运动员/队又得分，他便赢得了这一局；如果"占先"后是另一名运动员/队得分，则比分仍为"平分"。运动员/队需要在"平分"后连续得到2分，才能赢得这一局。

（2）平局决胜局。在平局决胜局中，使用阿拉伯数字0、1、2、3等计分。

首先赢得7分并净胜对手2分的运动员/队赢得这一局及这一盘。决胜局有必要进行到一方运动员/队净胜对手2分为止。

轮及发球的运动员在平局决胜局中首先发第一分球，随后的2分由他的对手发球（在双打比赛中，由对方队中轮及发球的运动员进行发球），此后，每一名运动员/队轮流连续发 2 分球，直到平局决胜局结束（在双打比赛中，队内发球顺序应与该盘发球顺序相同）。

在平局决胜局中首先发球的运动员/队应当在下一盘的第一局首先接发球。

6. 盘分

盘分有不同的计分方法。主要的计分方法是长盘制和平局决胜局制两种。比赛中可以使用其中任何一种计分方法，但必须在赛前宣布。如果使用的是平局决胜局制的计分方法，还必须宣布决胜盘采用平局决胜局制还是长盘制。

（1）长盘制。先赢得 6 局并净胜对手 2 局的运动员/队赢得一盘。一盘有必要进行到一方运动员/队净胜 2 局为止。

（2）平局决胜局制。先赢得 6 局并净胜对手 2 局的运动员/队赢得一盘。如果局分达到 6∶6，则须进行平局决胜局。

7. 赛制

比赛可以采用 3 盘 2 胜制，先赢得 2 盘的运动员/队赢得比赛；或采用 5 盘 3 胜制，先赢得 3 盘的运动员/队赢得比赛。

8. 发球员和接发球员

运动员/队应当分别站于球网两侧。发球员是指发出第一分球的运动员，接发球员是指准备回击发球的运动员。

判例：接发球员可以站在线外的场地上吗？
答案：可以。接发球员可以站在同侧的场地内或场地外的任何位置接球。

9. 站位和发球的选择

在准备活动开始前，通过抛硬币的方式决定比赛的第一局站位和发球/接发球权。抛硬币获胜的运动员/队可以：

（1）在比赛的第一局中选择发球或接发球。在这种情况下，对手选择站位。
（2）选择比赛的第一局站位。在这种情况下，对手选择发球或接发球。
（3）要求对手做出以上任意一种选择。

判例：如果准备活动被中断，运动员离开了场地，双方运动员/队是否有重新选择的权利？
答案：是的，原抛硬币结果仍然有效。但是双方运动员/队都有权利重新选择。

10. 交换场地

运动员应在每一盘的第一局、第三局和随后的每一个单数局结束后交换场地。运动员还应在每一盘结束后交换场地。但当一盘结束后双方所得局数之和为偶数时,运动员须在下一盘第一局结束后交换场地。

在平局决胜局中,运动员应在每 6 分后交换场地。

11. 活球

除了发球失误或呼报重赛之外,该球从被发球员击出开始到该分结束为止为活球。

12. 压线球

如果球压线,则这个球被认为是落在以该线作为界线的场地之内。

13. 球触及永久固定物

如果活球落在正确的场地内后触到了永久固定物,则击出该球的运动员赢得该分;如果活球在落地前触到了永久固定物,则击出该球的运动员失分。

14. 发球次序

在常规局结束后,该局的接发球员在下一局中发球,该局的发球员在下一局中接发球。

双打比赛中,在每一盘第一局开始前,由先发球的那个队决定哪一名运动员先在该局发球。同样,在第二局开始前,他们的对手也应当决定由谁在该局先发球。第一局发球的运动员的搭档在第三局发球,第二局发球的运动员的搭档在第四局发球。这一次序一直延续到该盘结束。

15. 双打的接发球次序

在每一盘的第一局,首先接发球的那个队要决定哪一名运动员在该局接第一分发球。同样,在第二局开始前,他们的对手也应当决定哪一名运动员在该局接第一分发球,先接第一分发球的运动员的搭档应当接本局的第二分发球。这一次序一直延续到该局和该盘结束。

接发球员接完发球后,该队中的任何一名运动员名都可以击球。

判例:可以允许双打队伍中的一名运动员单独和对手进行比赛吗?

答案:不可以。

16. 发球动作

在即将做出发球动作前,发球员必须静止站在底线后(即远离球网的那一侧),双脚位于中心标志的假定延长线和边线的假定延长线之间。

然后,发球员应当用手将球向任何方向抛出并在球落地前用球拍将球击出,在球拍击到球或未能击到球的那一刻,整个发球动作即被认为已经完成。对于只能使用一只手臂的运动员,可以用球拍完成抛球。

17. 发球程序

在常规发球局中,发球员在每一局都应当从场地的右侧半区开始,交替在场地的两个半区发球。

在平局决胜局中,第一分发球应当从场地的右半区发出,然后交替从场地的两个半区发球。

发出的球应当越过球网,在接发球员回球之前落到对角方向的发球区内。

18. 脚误

在发球过程中,发球员不可以有以下动作:

(1) 通过走动或跑动来改变位置,但允许脚步轻微移动。
(2) 任何一只脚触及底线或场地内。
(3) 任何一只脚触及边线假定延长线外的地面。
(4) 任何一只脚触及中心标志的假定延长线。

如果发球员违反了这些规定,就是一次"脚误"。

判例1:在单打比赛中,发球员可否站在底线后的单打边线与双打边线之间的位置发球?

答案:不可以。

判例2:发球过程中是否允许发球员的一只脚或者双脚离开地面?

答案:允许。

19. 发球失误

下列情况为发球失误:

(1) 发球员违反了上述第16、17或18条规则。
(2) 发球员试图击球时未能击中。
(3) 发出的球在触地前碰到了永久固定物、单打支柱或网柱。
(4) 发出的球触到了发球员或发球员的搭档,或所穿戴的或携带的任何物品。

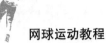

判例1：在发球时，发球员抛球后决定不去击球而接住球，这是一次发球失误吗？

答案：不是。运动员抛球后可以决定不击球，可以用手或球拍将球接住，或让球落地。

判例2：单打比赛在有网柱和单打支柱的场地上进行时，发球击中了单打支柱后落在了有效发球区内，这是一次发球失误吗？

答案：是。

20. 第二发球

如果第一发球失误，发球员应当立即从同一半区再发一次，除非第一发球是从错误的半区发出的。

21. 何时发球和接发球

发球员应该在接发球员做好准备以后再发球。但是，接发球员应当按照发球员合理的发球节奏来比赛，并在发球员准备发球时，在合理的时间内做好接发球的准备。

接发球员如果试图回击发球，则视为已做好准备；如果证实接发球员的确未做好准备，那么该次发球不能被判为失误。

22. 重新发球

如果出现下列情况则应当重新发球。

（1）发出的球触到了球网、中心带或网带后落在有效发球区内；或在球触到了球网、中心带或网带后，在落地前触到了接发球员或其搭档，或他们穿戴的或携带的任何物品。

（2）球发出时，接发球员还没有做好准备。

在重发球时，之前的那次发球作废，发球员应重发，但是不能取消重发前的发球失误。

23. 重赛

除了在第二发球时呼报重新发球是指重新发该次球外，在所有其他情况下，当呼报重新发球时，这一分必须重赛。

判例：在活球期间，另一个球滚入场地内，裁判员呼报重新发球。发球员之前有一次发球失误，此时发球员应获得第一、还是第二发球的权利？

答案：第一。整个这一分必须重赛。

24. 运动员失分

如果出现下列情况，运动员将失分。

（1）发球员连续两次发球失误。

（2）在活球状态下，运动员在球连续两次落地前未能击球。

（3）在活球状态下，运动员回击的球落到有效击球区外的地面或在落地前碰到有效击球区外的其他物体。

（4）在活球状态下，运动员回击的球在落地前触到永久固定物。

（5）接发球员在球没有落地前击球。

（6）运动员故意用球拍托带或接住处于活球状态中的球，或故意用球拍触球超过一次。

（7）在活球状态下的任何时候，运动员或他的球拍（无论球拍是否在他手中），或他穿戴的或携带的任何物品触到球网、网柱/单打支柱、网绳或金属绳、中心带或网带，或对手场地。

（8）运动员在球过网前击球。

（9）在活球状态下，除了运动员手中的球拍以外，球触及运动员的身体或他穿戴的或携带的任何物品。

（10）在活球状态下，球触到了运动员的球拍，但球拍不在他的手中。

（11）在活球状态下，运动员故意并实质性地改变了球拍的形状。

（12）双打比赛中，同队的两名运动员在回球时都触到了球。

判例1：发球员在第一次发球后，球拍从他的手中脱落，在球落地前球拍碰到了球网。这是一次发球失误，还是发球员失分？

答案：发球员失分。因为在活球期间球拍触及了球网。

判例2：发球员在第一次发球后，球拍从他的手中脱落，在球落地触及有效发球区以外的地面后球拍碰到球网。这是一次发球失误，还是发球员失分？

答案：这是一次发球失误。因为球拍触及球网时，球已经不在活球期内了。

判例3：双打比赛中，接发球员的搭档在对方发出的球触及有效击球区以外的地面前触及球网，应当如何判定？

答案：接球方失分。因为活球期间接发球员的搭档触及球网。

判例4：运动员在击球前或击球后越过球网的假定延长线，该名运动员是否失分？

答案：在这两种情况下，如果运动员没有触及对方的场地，都不失分。

判例5：活球期间运动员可否越过球网进入对方的场地内？

答案：不可以。这名运动员失分。

判例6：活球期间运动员抛拍击球，球和球拍均落入对方的场地内，对方未能击到球，哪一名运动员赢得该分？

答案：抛拍击球的运动员失分。

判例7：发球在触地前刚好击中接球员，或双打比赛中接发球员的搭档，哪一名运动员赢得该分？

答案：发球员赢得该分，除非裁判呼报重发。

判例8：运动员站在场地外回击或接住还未落地的球，并且宣称赢得该分，因为球一定会飞出有效场地外。

答案：该名运动员失分。除非这是一次有效击球，在这种情况下应该继续比赛。

25. 有效回击

下列情况属于有效回击。

（1）球触到了球网、网柱/单打支柱、网绳或金属绳、中心带或网带并且越过球网后落到有效场地内。规则第2条和第24［（4）款］条除外。

（2）在活球状态下，球落在有效场地内后旋转或被风吹回过网，运动员过网击球，将球击打到有效场地内，并且没有违反本规则第24条的规定。

（3）回击球从网柱外侧绕过，无论该球是否高于球网，即使触到网柱，只要落在有效场地内，均视为有效。本规则第2条和第24［（4）款］条除外。

（4）球从单打支柱及其相邻网柱之间的网绳下面穿过而又没有触及球网、网绳或网柱，并且落在有效场地内。

（5）运动员在自己球网一侧内回击球后，球拍随球过网，球落入有效场地内。

（6）在活球状态下，运动员击出的球碰到了有效场地内的另一个球。

判例1：运动员的回球击中单打支柱并落入有效场地内，这是否为有效回击球？

答案：是有效回击球。但如果发球触到单打支柱，则为发球失误。

判例2：活球期间，球击中有效场地内的另一球，应当如何判定？

答案：继续比赛。然而，如果裁判员此时不能确定回击的球是否为活球状态下的球，则这一分应当重赛。

26. 干扰

如果运动员在某一分球的比赛中受到对手故意干扰，那么这名受干扰的运动员赢得该分。

然而，如果运动员在某一分的比赛中受到对手非故意干扰，或者自身无法控制（除场地上的永久固定物外）的干扰时，这一分应当重赛。

附录一　网球竞赛规则（2016）

判例1：无意的连击是否为干扰？

答案：不是。参见本规则第24［（6）款］条。

判例2：运动员认为他的对手受到干扰所以停止击球，这是否为一次干扰？

答案：不是。这名运动员失分。

判例3：比赛中球击中飞过球场上空的鸟，这是否为一次干扰？

答案：是的。这一分应当重赛。

判例4：在一分中，该分开始时已经在运动员这一侧场地内的一个球或其他物体干扰了运动员，这是否为一次干扰？

答案：不是。

判例5：在双打比赛中，发球员和接发球员的搭档应该站在何处？

答案：发球员和接发球员的搭档可以站在球网一侧己方场地内或场地外的任何位置。然而，如果运动员干扰对方，那么将使用干扰规则。

27. 更正错误

原则上，当比赛中发现违反网球规则的错误时，先前所有的分数都有效，发现的错误应当按照如下条款更正。

（1）在常规局或平局决胜局中，如果运动员从错误的半区发球，此错误一经发现应当立即更正，发球员要按照场上的比分从正确的半区发球。发现错误前的发球失误仍有效。

（2）在常规局或平局决胜局中，如果双方运动员场地站边错误，此错误一经发现应当立即更正，发球员要按照场上的比分从正确的一边场地发球。

（3）在常规局中，如果出现运动员的发球次序错误，此错误一经发现，由本应发球的运动员立即发球。然而，如果在发现错误前该局已经结束，则发球的次序按照已改变的次序继续进行。在这种情况下，此后的所有换球必须比原规定的局数推后一局进行。

如果在发现发球次序错误前，对手有一次发球失误，则此次发球失误无效。

在双打比赛中，如果同队的两名运动员发球次序错误，则发现错误以前的发球失误仍有效。

（4）在平局决胜局中，运动员发球次序错误，如果错误是在双数比分结束后发现的，则错误一经发现就应当立即更正。如果错误是在单数比分结束后发现的，则发球的次序就按照已改变的次序进行。发现发球次序错误前的发球失误无效。

在双打比赛中，如果是同队的两名运动员发球次序错误，则发现错误前的发球失误有效。

（5）在双打比赛的常规局或平局决胜局中，如果接发球次序错误，则按照已发

生的错误次序继续进行,直到这一局结束。在这一盘的下一次接发球局,这对运动员应当恢复最初的接发球次序。

(6)赛前规定的是长盘制的比赛,但是在局数6:6时错误地进行了平局决胜局制的比赛,如果此时仅仅进行了第一分的比赛,则此错误应立即更正;如果发现错误时第二分比赛已经开始,则这盘比赛将按照平局决胜局制继续进行。

(7)赛前规定的是平局决胜局制的比赛,但是在局数6:6时错误地进行了长盘制的比赛,如果此时仅仅进行了第一分的比赛,则此错误应立即更正;如果发现错误时第二分比赛已经开始,则这盘比赛将按照长盘制继续进行,直到双方的局数达到8:8时(或更高的偶数平局时)再进行平局决胜局制的比赛。

(8)赛前规定决胜盘采用平盘决胜局制,但是在决胜盘错误地进行了平局决胜局制或长盘制的比赛,如果此时仅仅进行了第一分的比赛,则此错误应立即更正;如果发现错误时第二分比赛已经开始,则这一盘比赛继续进行,直到这名运动员/队赢得3局(赢得这一盘),或是到局数2:2平时,再进行平盘决胜局制的比赛。然而,如果在第五局的第二分比赛开始后才发现错误,则这一盘将以平局决胜局制继续比赛。

(9)如果没有按照正确的顺序换球,那么要等到应该发新球的运动员/队下一个发球轮次时更换新球。此后的换球顺序仍然按照最初的规定,在达到既定的换球局数后再进行。在一局比赛进行时不能换球。

28. 场上技术官员的作用

在设有技术官员的比赛中,他们的作用和职责参见本规则附录(略)。

29. 连续比赛

原则上,比赛从第一分发球开始直到比赛结束,应当连续地进行。

(1)分与分之间,最长间隔时间为20秒,运动员在单数局结束后交换场地时,最长间隔时间为90秒。但是,在每盘的第二局结束后和在平局决胜局制进行时,比赛应连续进行,运动员没有休息时间,直接交换场地。

在每一盘结束后,盘间最长间隔时间为120秒。最长间隔时间,是指从上一分球结束时开始,直到下一分第一次发球击球时为止。

赛事组织方可以向国际网联申请延长单数局结束时运动员交换场地的90秒间隔时间,以及盘间120秒的间隔时间。

(2)如果出现运动员服装、鞋子或必要的装备(不包括球拍)损坏或需要更换等不受运动员控制的情形,可以给予运动员合理的额外时间去解决这些问题。

(3)不能给予运动员额外的时间恢复体力。但是,当运动员出现可以治疗的伤病时，可以获得一次 3 分钟的医疗暂停来治疗该伤病。如果赛前已宣布，则可以允许一定次数的上卫生间/更换衣服的时间。

（4）如果赛事组织方赛前已经宣布，整场比赛允许有一次最长为 10 分钟的休息时间，则可以在 5 盘 3 胜制比赛的第三盘结束之后，或 3 盘 2 胜制比赛的第二盘结束之后采用。

（5）除非赛事组织方事先另行规定，否则，准备活动时间最长为 5 分钟。

30. 指导

以任何方式对运动员进行任何种类的交流、建议或指示都被认为是指导。

在团体赛中，如果领队坐在场内，运动员可以在盘间休息和单数局结束、运动员交换场地时接受领队的指导。但是，在每一盘的第一局结束后和平局决胜局制交换场地时不能接受指导。

在其他的任何比赛中，运动员都不能接受指导。

判例 1：如果指导是不易察觉的暗号，运动员可以接受这样的指导吗？

答案：不可以。

判例 2：比赛暂停期间，运动员可以接受指导吗？

答案：可以。

判例 3：在比赛期间，是否允许运动员接受场上指导？

答案：执行机构可以向国际网联申请允许场上指导。在允许场上指导的赛事中，指定的教练员可以进入场地，按照执行机构制定的程序对运动员进行指导。

31. 运动员分析技术

网球规则批准的运动员分析技术，必须符合本规则附录（略）的具体要求。

国际网联负责是否批准使用此类设备。国际网联既可以主动做出此类裁决，也可以根据相关方的申请裁决，包括运动员、器材生产厂商、国家网球协会及其会员等。此类申请与裁决应当按照国际网联相应的审查与听证程序进行。

附录二　网球竞赛裁判用语英汉对照

一、主裁判术语

Used by call umpire (chief umpire).	主裁判使用。
Players line up and march in.	运动员列队进场。
Let us toss.	让我们来挑边（或发球权）。
Practise for five minutes.	练习5分钟。
There are two minutes to go.	还有2分钟。

Now the first round of men's (women's) single (double).　男子（女子）单打（双打）第一轮比赛。

Event begins.	现在开始。
Mr (Miss) A of __ on my left side.	在我的左手是_____国家运动员A先生（小姐）。

Mr (Miss) B of __ on my right side, Mr B (has) won the toss of serve (side).　在我的右手是_____国家运动员B先生（小姐），B先生获得选择权（选择发球和场地）。

This is the best 2 of 3 (2 out of 3 sets).	比赛采用3盘2胜制。
This is the best 3 of 5 (3 out of 5 sets).	比赛采用5盘3胜制。

A tie-breaker is used when a set is tied at 6 games apiece.　每盘双方局数6平时，则采用决胜制。

This is the best 2 of 3 sets, with a tie-breaker at 6-all of each set.　比赛采用3盘2胜制，每盘双方局数6：6时，则采用决胜局。

This is a men's single match between Mr __ of __ on my left side and Mr __ of __ on my right side.　这场比赛是男子单打，由我左方_____国家运动员_____先生迎战我右方_____国家运动员_____先生。

One game to three.	局数1：3。
Game six and set, B.	第六局完，B胜。
Three games to six, won by B.	局数3：6，B胜第一盘。
Game, and 2nd set, A score seven.	第二盘完，7：5，A胜，盘数1：1。

Game, and 3rd set, A, six games to four and set two to one.　第三盘完，6：4，A

附录二 网球竞赛裁判用语英汉对照

胜。盘数2:1，A领先。

B leads.　　　　　　B领先。

When it is time to use a tie-breaker, the call umpire (chair umpire) should announce the following: 当比赛需要用平局决胜制时，主裁判应宣布如下:

We will now play the tie-breaker. The first player to reach 7 points by a margin of at least 2 points wins the game and the set. 现在进行平局决胜制。首先获得7分者或5:5后净胜2分者，胜该局该盘。

Here is the example of calling points.　　下边是报分方法举例。

One-zero, Tom.　　　　　　1:0，汤姆。
One-all.　　　　　　　　　1平。
Two-one, Smith.　　　　　　2:1，史密斯。
Three-one, Smith.　　　　　3:1，史密斯。
And so on.　　　　　　　　等等。

When the play is over, the following should be announced: Game, set, and match, Seles, 3 set, 3 sets to 2; score 3—6, 5—7, 7—5, 6—1, 6—3. 比赛结束，应报如下: 比赛结束。塞莱斯以3:2胜。盘数3—6，5—7，7—5，6—1，6—3。

Some points should be noticed by the call umpire: 主裁判应注意之处:

(1) After warm-up the play should begin without delay. 热身运动后，比赛应立即开始。

Then he should call: 这时，主裁判应呼叫:

Linesman, ready! 司线员，准备!

Players, ready! 运动员，准备!

The best 3 (three) of 5 (five) sets match, A to serve, play! 比赛采用5盘3胜制。A发球! 开始!

(2) When the tie-breaker (scoring system) is used, he should call: 当采用决胜制(记分时)，他应呼叫:

"Seven points tie-breaker game" will be operated except final set (all sets) while game scores reach 6 to 6 (or 8 to 8). 当出现平局时(即比分为6:6或8:8时)，比赛就要采用平局决胜制(但最后一盘例外)。

(3) 第一发球失误时叫"fault"。第二发球失误时也叫"fault"，不叫"double fault"。

(4) 发球重赛时呼叫: "Let, first serve (second serve)."

(5) 得分叫法。

由发球者先叫: 如0—15 (love—fifteen)，15—0 (fifteen—love)。

（6）平分后（deuce）叫法。如平分后 A 领先，则呼叫"Advantage A"。

（7）第五盘及比赛由 A 获胜时呼叫：Game，set and match（to）A. Score（is）6 to 4，5 to 7，6 to 3，1 to 6，7 to 6。

（8）最后一盘在开始前可呼叫"Set play"，其他各盘不再呼叫。

（9）比赛暂停后，再开始比赛时，则重叫得分局数和盘数等。With A leading，two sets to one，A to serve，ready，play！

（10）改正错误时的呼叫如："Correction，30：15"（2—1）。

（11）击第二次落地球时的呼叫"Not up"。

（12）球碰球拍第二次时呼叫"Double racket"。

（13）Tie-breaker scoring system 的呼叫法。

开始时则叫"Tie-breaker now"。

A 发第一球时叫"A to serve"。

A 得分时叫"One zero"。

B 发第二球时叫"B to serve，zero one"。

A 又得分时叫"Zero two"。

B 得分时叫"One two"。

A 发第 4 分球时叫"A to serve，two one"。

B 得第 6 分球时比分是 4：2 换边："Two four，change end"。

A 得第 15 分球比数是 8：7，A 发第 16 分球"Eight seven"。

B 得第 17 分球时，比数是 9：8，B 发球"Nine eight，B to serve"。

双打亦同。换人发球时，比分在发球前再叫，先叫发球人的得分，并叫谁发球。

二、裁判员术语

Out	出界
Correction	纠正
Good ball	界内球
Unlighted	没有看见
Hands signal	手势
Used by net-cord judge.	司网裁判员使用。
I saw the same as called.	所见与宣报相符。
This sentence is said by the chair umpire.	这句话是主裁判所讲的。
Rules of lawn tennis	草地网球规则
Tournament regulation	竞赛规程

附录二 网球竞赛裁判用语英汉对照

Championship	锦标赛
The invitational championship	邀请赛
The single game (men's, women's)	单打比赛（男、女）
The double game (men's women's mixed)	双打比赛（男、女混双）
Tennis court (lawn or grass, clay, cement, asphalt)	网球场（草地、沙泥地、水泥、沥青）
Base line	端线（底线）
Side line	边线
Service line	发球线
Midline	中线
Service sourt	发球区
Alley	单打双边线之间的区域
Singles court	单打场地
Center mark	中点
Permanent fixtures	固定物
Net	球网
Net-post	网柱
Strap	中带
Band	球网右边
Metal cable	钢丝绳
Stand	看台
Back and side stops	球场四周的拦球网
Referee	裁判长
Umpire (chair umpire)	主裁判
Net-cord judge	辅助裁判（副裁）
Foot-fault judge	脚误裁判
Linesman	司线员
Ballboy	捡球员
Ball	网球
Racket	球拍
Player	运动员
Server	发球员
Receiver	接球员
First serve	第一发球

Let	发球碰网重发
Fault	失误
Double-fault	双误
Foot-fault	脚误
Overhand serve（underhand）	上手发球（下手）
Touching the net	触网
Over the net	过网
Through the net	穿网
Double-hits	连击
Double-bounce	双跳（两跳）
Good return	有效还击
Change sides	交换场地
Ball change	换球
Order of serve	发球次序
Order of receiving	接球次序
Point score（game，set）	比分（局比、盘比）
Love	零
Fifteen（15）	1分
Thirty（30）	2分
Forty（40）	3分
All	平
Deuce	平分
Advantage for server	发球员领先
Advantage for receiver	接球员领先
Tie-breaker	平局决胜制
7 of 12　tie-beaker	12分7胜
5 of 9　tie-breaker	9分5胜
Best 2 of 3（2 out of 3）	3盘2胜
Best 3 of 5（3 out of 5）	5盘3胜
Warm-up	准备活动
Postpone	延期
Suspension	暂停
Default	弃权
Disqualify	取消比赛资格

附录二 网球竞赛裁判用语英汉对照

Point penalty	罚分
Hindrance (interference)	妨碍（干扰）
Make the draw	比赛抽签
Seeding	排种子
Seeded player	种子选手
Single elimination tournament (knock-out)	单淘汰赛
Double elimination tournament	双淘汰赛
Consolation tournament	安慰赛
Round robin tournament	循环赛
Qualifying match	预选赛
Exhibition	表演赛
Ranking	名次
Bye	轮空

主要参考文献

［1］陶志翔，等．网球运动教程［M］．北京：高等教育出版社，2003．
［2］汪俊．网球全程点拨［M］．北京：人民体育出版社，2001．
［3］陶志翔，等．跟专家练网球［M］．北京：北京体育大学出版社，2000．
［4］刘青，等．中国网球女子双打研究［M］．成都：电子科技大学出版社，2005．
［5］王希开，王亚兵．网球打法与战术［M］．北京：人民体育出版社，2001．
［6］刘青，唐小林，等．大众网球入门［M］．成都：四川科学技术出版社，1998．
［7］陶志翔，沈芝萍．网球裁判［M］．北京：北京体育大学出版社，2002．
［8］孙卫星．网球竞赛规则问答［M］．北京：北京体育大学出版社，2004．
［9］张孝平．体育竞赛组织编排［M］．北京：北京体育大学出版社，2005．
［10］网球杂志．网球技术精解全书［M］．北京：人民体育出版社，2004．
［11］董杰．网球教程［M］．北京：高等教育出版社，2005．
［12］海涅克．网球教学［M］．花勇民，译．北京：北京体育大学出版社，2005．
［13］李海，史芙英．网球入门教程［M］．北京：人民体育出版社，2007．
［14］骆积强．图解网球技巧［M］．福州：福建科学技术出版社，2005．
［15］乔宁，李先国．网球运动教程［M］．南京：南京师范大学出版社，2005．
［16］宋强．网球发球技术图解［M］．北京：北京体育大学出版社，2003．
［17］宋强．网球网前技术图解［M］．北京：北京体育大学出版社，2003．
［18］王建军，王立红．网球教与学：轻松上手快速入门［M］．西安：太白文艺出版社，2005．